Inhalt

Das Enthüllen des zeitlosen Gewahrseins

Djamgön Kongtrul Lodrö Thaye

Das Enthüllen des zeitlosen Gewahrseins

Kommentar zum Milarepa-Guru-Yoga

Tibetischer Titel:

sgrol mar phyag 'tshal nyer gcig gis btod pai rnam bshad yid 'phrog utpa lai chun po

Übersetzung aus dem Tibetischen
von Lama Tilmann Lhündrup Borghardt

NORBU VERLAG

Bibliographische Information der Deutschen Bibliothek
Die Deutsche Bibliothek verzeichnet diese Publikation in der Deutschen Nationalbibliografie; detaillierte bibliografische Daten sind im Internet über http://dnb.ddb.de abrufbar

ISBN: 978-3-944885-12-4

www.norbu-verlag.de

Übersetzung ins Deutsche: Lama Tilmann Lhündrup Borghardt
Lektorat: Marianne Krobath
Umschlaggestaltung und Satz: Gerd Pickshaus
Zeichnung auf Seite 7: Ira Parshikova

Druck: Digital Print Group O. Schimek GmbH, Nürnberg

Gedruckt auf alterungsbeständigem, säurefreiem Papier aus chlorfrei gebleichtem Zellstoff

Das Enthüllen des zeitlosen Gewahrseins

Eine Einführung in den Guru-Yoga des Edlen Meisters Großer Repa

Vorspann

Möge das Licht, das vom Segen des
Edlen Meisters Milarepa ausgeht,
die Dunkelheit aus den Herzen der
Blinden in Saṃsāra vertreiben
und sich das makellose Gewahrsein
in ihnen ausbreiten.

Mit diesem Wunsch werde ich nun, auch wenn dies nur von geringem Nutzen sein mag, in Einklang mit den Worten der vollkommenen Meister diese Erläuterungen schreiben.

[Lodrö Thaye kommentiert den von ihm selbst verfassten Praxistext, dem er folgenden Titel und Vorspann gab:][1]

---

1 Die eingefügten Passagen aus dem Praxistext sind dem Kommentar jeweils kursiv und eingerückt vorangestellt. Einschübe in eckigen Klammern […] stammen vom Übersetzer und sollen einem leichteren Verständnis dienen.

»Das prachtvolle Erstrahlen zeitlosen Gewahrseins«

Der Guru-Yoga auf den Edlen Meister Großer Repa mit einem Festopfer

Vor Dir, der die Ebene von Vajradhāra[2]
in einem Leben verwirklicht hat,
dem König der Verwirklichten im
Lande des Schnees (Tibet),
verbeuge ich mich und erläutere
Deinen Guru-Yoga.

An einem für die Meditation geeigneten Ort erwecke in deinem Geist wahren Überdruss, Entsagung und tiefes Bedauern. Entfache dann eine Hingabe so intensiv wie das Feuer am Ende des Weltzeitalters und vergegenwärtige dir den kostbaren Geist des Erwachens in seinen beiden Aspekten. – Nach Möglichkeit arrangiere auf einer sauberen Unterlage die [fünf] Maṇḍala-Häufchen zusammen mit den üblichen Opfergaben und ebenso die Festopfer-Substanzen. Sollte dies nicht möglich sein, kannst du sie auch durch tiefe Meditation hervorbringen. Im Falle einer Ganachakra-Opferung stelle die Substanzen für Methode und Weisheit und alle anderen benötigten Dinge hinzu.

2 Der Urbuddha *Vajradhara* ist die Verkörperung des vollkommenen Erwachens.

Der Guru-Yoga mit dem dazugehörigen Festopfer gliedert sich in drei Teile:

- Vorbereitungen
- Hauptpraxis
- Schlussteil

1. Vorbereitungen

Der erste Abschnitt enthält vier Teile:

- den Nektar segnen
- die Torma-Gabe an die Elementarwesen und die Schutzkreis-Meditation
- Zuflucht und Bodhicitta hervorbringen
- positive Kraft aufbauen

Den Nektar segnen

> *(Nachdem du den Vorbereitungs-Torma aufgestellt hast, beginne mit:)*
> *In einem Augenblick werde ich Vajrayoginī, rot, mit Messer, Schädelschale und symbolischem Schmuck.*

Praktizierende, welche die Schwelle des Anuttarayoga-Tantra überquert haben, sollten bei allem frei sein von einem gewöhnlichen [dualistischen] Bewusstsein. Genauer gesagt ist es unmöglich, mantrische Aktivität auszuüben, wenn unser Bewusstsein dabei gewöhnlich bleibt. Eine gewöhnliche Person ist nicht in der Lage, Nektar zu segnen, Hindernisse zu vertreiben und dergleichen.

Deshalb visualisieren wir unser wahres Selbst in einem Augenblick klar als die Edle Meisterin Vajrayoginī. Ihr Gesicht ist halb zornvoll, halb lächelnd, ihre rechte Hand schwingt ein Hakenmesser mit Vajra-Griff, und ihre linke hält auf Höhe des Herzens eine blutgefüllte Schädelschale. Ihren roten Körper schmücken die fünf symbolischen Knochenornamente, und ein Vajra-Khaṭvāṅga lehnt in ihrer linken Armbeuge. Das eine Bein gestreckt, das andere angewinkelt, steht sie aufrecht auf Lotus, Sonne und Leiche im natürlichen Leuchten des zeitlosen Gewahrseins. Während du dich so visualisierst, wahre das Selbstbewusstsein der Gottheit.

(Richte nun die Aufmerksamkeit auf die vor dir stehende Kapala, die mit Alkohol und Nektarpillen gefüllt ist:)

OM AH BIGHANÄN TATRITA HUNG PHÄ.

(Bereinige so.)

OM SOBHAWA SCHUDDHA SARWA
DHARMA SOBHAWA SCHUDDHO HANG.

(Läutere hiermit.)

Befreie die vor dir stehende innere Opfergabe [mit dem Mantra OṂ ĀḤ VIGHNĀN…[3]] von störenden Einflüssen und läutere den Behälter und seinen Inhalt [mit dem Mantra OṂ SVABHĀVA…] in der Leerheit jenseits von Bezugspunkten.

> *Aus der Dimension der Leerheit entstehen Wind, Feuer und ein Herd aus Schädeln. Darauf werden in einer Kapala mit allen Merkmalen* GO KU DA HA NA *zu den fünf Arten Fleisch und* BI MU MA RA SCHU *zu den fünf Nektaren.*

In der Dimension der Leerheit entsteht vor uns ein YAṂ, aus dem das halbkreisförmige, grüne Windmaṇḍala hervorgeht. Darüber zeigt sich ein RAṂ, aus dem das dreieckige, rote Feuermaṇḍala entsteht, und darüber formen [drei] KAṂ einen Herd aus drei Schädeln, auf dem ein AH zu einer weit offenen Schädelschale [Skt: Kapala] wird. In ihrer Mitte entsteht aus NA Menschenfleisch, im Südosten aus GO Ochsenfleisch, im Südwesten aus KU Hundefleisch, im Nordwesten aus DA Elefantenfleisch und im Nordosten aus HA Pferdefleisch. Wiederum in der Mitte entsteht aus MU Urin, im Osten aus BI Kot, im Süden aus RA Blut, im Westen aus SCHU Samenflüssigkeit und im Norden aus MA Hirnflüssigkeit. Eine jede Substanz ist mit ihrer Keimsilbe versehen.

---

3 Die Lautschrift im Praxistext entspricht der tibetischen Aussprache, während im Kommentar die Transliteration in Sanskrit-Schreibweise verwendet wird. Ebenfalls wurden im laufenden Text alle *Sanskrit-Begriffe* mit den inzwischen üblichen diakritischen Zeichen geschrieben.

Sie werden durch Wind und Feuer geschmolzen und zum Kochen gebracht.

Lichtstrahlen aus unserem Herzen bringen das Windmaṇḍala in Bewegung. Dies entfacht das Feuermaṇḍala, welches die Schädelschale erhitzt. Ihr Inhalt schmilzt und beginnt zu kochen und alle Unreinheiten und alles Schädliche fließen wie Schaum über.

Das Licht der drei Keimsilben holt den Gewahrseinsnektar herbei und Verpflichtungs- und Gewahrseinsaspekt werden nicht-zwei in einem Ozean von Nektar.

OM AH HUNG HA HO HRIH.

(Nach drei Wiederholungen koste den Nektar.)

Aus dem Dampf über der Schädelschale entstehen die drei Silben: oben ein HŪṂ, in der Mitte ein ĀḤ und unten ein OṂ. Von diesen dreien strahlt Licht zu den Herzen der drei Wurzeln [Lama, Yidam, Schützer] und lädt den Nektar ihres Gewahrseins ein. Er kommt als strahlendes Licht herbei und löst sich im Nektarozean auf, der dadurch zu einem Elixier von vortrefflicher Farbe, angenehmstem Duft, exzellentem Geschmack und nährender Kraft wird. Mit dieser Vorstellung kosten wir ihn mit Daumen und Ringfinger der linken Hand. Dies bereinigt die Makel der Rede und segnet die Energiekanäle, Energieströme und Energietropfen.[4] – Der so hergestellte Nektar wird zum Beispiel benötigt, um den Ort der Praxis und die

---

4 Sanskrit: nadi, prāṇa und bindu, Tibetisch: tsa, lung und tigle.

Opferungen zu segnen. Indem wir sie mit Nektar besprenkeln, werden alle Hindernisse und störenden Einflüsse vertrieben und es entsteht ein Schutz.

Die Torma-Gabe an die Elementarwesen und die Schutzkreis-Meditation

Der Torma für die Elementarwesen

> *(Segne dann den Torma ebenso mit:)*
> OM AH BIGHANÄN TATRITA HUNG PHÄ
> *usw. [dieselbe Rezitation] bis*
> OM AH HUNG HA HO HRIH.

Segne den Vorbereitungs-Torma[5] mit derselben Visualisation. Angehörige der Karma-Kamtsang-Tradition benutzen hierfür meist den dreieckigen, roten Vorbereitungs-Torma aus der Vajravārāhī-Praxis; du kannst ihn aber durch einen entsprechenden Torma deiner eigenen Tradition ersetzen.

> *(Hole die Gäste mit der lodernden Mudra herbei:)*
> PHEM

Mit Mantra, Mudra und Lichtstrahlen aus dem Herzen der Edlen Meisterin holen wir in einem Moment die 32 Landschützer (kṣetrapala) und alle Elementarwesen (bhūta) der

---

5 Der *Vorbereitungs-Torma* (Tib: Ngöndro-Torma oder Ngöntor) wird auch Hindernis-Torma (Tib: Gegtor) genannt.

drei Daseinsbereiche in den Raum vor uns herbei. Sie verschmelzen in das klare Licht.

OM KHA KHA KHAHI KHAHI
SARWA YAKSCHA RAKSCHASA
BHUTA PRETA PISCHATSA
UNMADA APASAMARA
DAKA DAKINYA DAYAH,
IDAM BALING GRIHANÄNTU,
SAMAYA RAKSCHÄNTU,
MAMA SARWA SIDDHI MEM TRAYATSÄNTU,
YATEBAM, YATHESCHTAM, BHUNDSATHA,
DSIGHRATHA, PIBATHA, MATIKRAMATHA,
MAMA SARWA KARATAYA SÄTSU KHAM
BISCHUDDHA SAHA YIKAM BHAWÄNTU
HUNG HUNG PHÄ PHÄ SOHA.[6]

(Widme den Torma dreimal mit diesem Mantra; dann wirf ihn hinaus.)

Nachdem sie alle die Form der Edlen Meisterin angenommen haben, saugen sie mit Zungen aus Lichtröhren den köstlichen Trunk des Nektar-Tormas auf. Hocherfreut von dieser

---

6 *Übersetzung des Mantras:* Esst, esst, all ihr Übelstifter, Kannibalendämonen, Elementarwesen, Hungergeister, Fleischfresser, Verrücktmachende, Vergesslichmachende, Dākās, Dākīnis usw. Nehmt diese Nahrungsopferung an. Wahrt den Samaya. Gewährt mir alle Siddhis. Nehmt hiermit was immer ihr begehrt: Esst, trinkt und riecht. Vergeht euch nicht. Seid mir in jeder Weise Helfer zur vollkommen reinen, vortrefflichen Freude.

Nahrung versprechen sie, die vier Aktivitäten[7] auszuführen, und kehren an ihre eigenen Orte zurück.

Die Schutzkreis-Meditation

Dunkle Kräfte, die ihr nicht ermächtigt seid, die tiefgründigen Rituale des geheimen Mantra zu hören und zu sehen, geht allesamt woanders hin! Falls ihr diesem Befehl nicht folgt, wird der machtvoll flammende Vajra-Khatvanga eure Köpfe in hundert Stücke zerschlagen!

OM SUMBHA NISUMBHA HUNG HUNG PHÄ.
OM GRIHANA GRIHANA HUNG HUNG PHÄ.
OM GRIHANAPAYA GRIHANAPAYA HUNG HUNG PHÄ.
OM ANAYAHOH BHAGAWAN VIDYA RADJA HUNG HUNG PHÄ.

(Vertreibe hiermit die hindernden Kräfte.)

Alle dunklen Kräfte, die nicht ermächtigt sind, die Praktiken des tiefgründigen Vajrayāna zu sehen und zu hören, oder die mit ihrer übelwollenden Geisteshaltung Hindernisse bereiten, werden von einem machtvollen Regen aus kleinen zornvollen Gestalten, Vajra-Kaṭvāṅgas und verschiedenen Waffen, die aus unserem [Vajrayoginī-] Körper ausstrahlen, bis ans Ende des Raumes verjagt. Wenn die Ausgesandten zurückkehren, stellen wir uns vor, dass sie sich unter uns sammeln und zu

---

7 Die *vier Aktivitäten* sind die befriedende, vermehrende, kontrollierende und heftige Aktivität der Erwachten.

einem Boden aus Vajras werden. Um uns herum entstehen eine Wand, ein Zeltdach und ein Baldachin aus Vajras, fest und undurchdringlich. Außerhalb davon befinden sich zornvolle Wächterinnen und verschiedene Arten Waffen sowie Feuerberge, die ein Schutzzelt bilden, das hindernden Kräften keine Möglichkeit der Einflussnahme lässt.

> OM BÄNZA RAKSCHA RAKSCHA
> HUNG HUNG HUNG PHÄ.
> *(Visualisiere dabei den Schutzkreis.)*

Der tiefsinnige, schnelle Pfad des Vajrayāna gewährt zwar große Verwirklichungen, aber es können auch viele Hindernisse auftreten – dies ist eine Methode, ihr Auftreten zu verhindern und sich zu schützen.

> *Beim täglichen Guru-Yoga ist dieser Anfangsteil nicht notwendig.*

Zuflucht und Bodhicitta hervorbringen

Zuflucht

> *Ich und alle Wesen, dem Raume gleich, nehmen bis zum Erwachen Zuflucht zu Dir, mächtiger Lachender Vajra – die drei Juwelen und drei Wurzeln in Person. (Dreimal)*

Vor uns im Raum visualisieren wir auf einem Sitz aus Lotus und Mond den Edlen Meister »Lachender Vajra«[8], die vereinigte Essenz der drei Juwelen und drei Wurzeln. Unter den vielen Arten, das Feld der Zuflucht zu meditieren, ist diese hier bekannt als »die Tradition des Juwels, das alle enthält«. Sie beruht auf dem Vertrauen, dass einer wie er allein völlig ausreicht, um alle Quellen der Zuflucht zu repräsentieren. Dies hat einen tiefen Sinn, vermittelt großen Segen und ist zudem leicht zu visualisieren. – Aus ganzem Herzen[9] nehmen wir zusammen mit allen anderen Lebewesen, die den weiten Raum füllen, Zuflucht zu ihm, bis wir das völlige Erwachen erreicht haben, und denken dabei: »Du weißt, was zu tun ist!«

Bodhicitta

> *Damit all die zahllosen Wesen, meine ehemaligen Mütter, die unübertreffliche Verwirklichung des Edlen Meisters Großer Repa erlangen, werde ich mich mit meinen drei Toren um Heilsames bemühen. (Dreimal)*

Denke: »Unter all den vielen Lebewesen gibt es keines, das nicht bereits mein Vater oder meine Mutter war. Aber trotz dieser einzigartigen Güte [die sie mir in verschiedenen Leben erwiesen haben] irren sie alle unter dem Einfluss mangelnden Gewahrseins seit anfangsloser Zeit im Ozean der Existenzen umher, ohne Zeit für [den Weg der] Befreiung zu finden. Oh,

---

8 Sein Name »Lachender Vajra« ist auf Tibetisch »Schäpa Dordje« und auf Sanskrit »Hasa Vajra«.

9 Wörtlich: »vom Mark der Knochen«

welch Mitgefühl mein Herz erfüllt! Ich möchte sie alle in die Verwirklichung des Edlen Meisters Großer Repa, in den Weisheitskörper der Einheit führen. Deshalb werde ich meine drei Tore [Körper, Rede und Geist] für heilsame Handlungen nutzen und mich insbesondere von ganzem Herzen auf dem tiefgründigen Pfad des Guru-Yoga bemühen.«

Sich auf die Zuflucht auszurichten ist die gemeinsame Grundlage aller Lehren des kleinen und großen Fahrzeuges und macht den Unterschied aus zwischen dem »inneren« [Weg des Erwachens] und dem »äußeren« Weg [des Verfolgens weltlicher Ziele]. *Bodhicitta* hervorzubringen, den Geist des Erwachens, ist der Same für das Verwirklichen der vollkommenen Buddhaschaft und macht den Unterschied aus zwischen einem großen Fahrzeug [das allen dient] und einem kleinen Fahrzeug [das nur uns selber dient].

Positive Kraft aufbauen (durch das Siebenteilige Gebet)

Das Siebenteilige Gebet

Den eigenen Geist als Lama erkennend verbeugen wir uns voller Hingabe.
Frei von Anhaften bringen wir die sechs Sinne als Gaben dar.
In der Weite selbstgewahren Seins bekennen wir dualistisches Ergreifen und Fixieren.
Wir erfreuen uns am ununterbrochen strömenden Mitgefühl.
Bitte drehe das Dharma-Rad alldurchdringenden Gewahrseins.

Wir ersuchen Dich, im durch nichts zu verbessernden Dharmakāya zu verweilen.
Wir widmen dies, so dass alle Wesen, die den Raum füllen, die drei Körper erlangen.
Möge dies die Abgründe Saṃsāras erschüttern und das Wohl der Wesen bewirken.
(Praktiziere so die sieben Aspekte.)

Eigentlich liegt der Sinn dieses Gebetes in seiner inneren Bedeutung. Doch Praktizierende, welche die natürliche Wirklichkeit noch nicht verwirklicht haben, können dabei auch die gewöhnlichen Vorstellungen [der äußeren Bedeutung] im Geist halten:

- Vor dem Lama, dem Edlen Meister Großer Repa, der alle Buddhas in sich vereint, verneigen wir uns zusammen mit allen Lebewesen mit so vielen von uns ausgestrahlten Körpern, wie es Atome in allen Universen gibt.
- So wie [der berühmte Bodhisattva] Samantabhadra opfern wir unseren Körper, unseren Besitz und alles Heilsame in Form von Ozeanen geistig manifestierter Opferwolken.
- Alle schädlichen und nichtheilsamen Handlungen, die wir mit unseren drei Toren [Körper, Rede und Geist] seit anfangsloser Zeit angehäuft haben, bekennen wir mit aufrichtigem Bedauern mitsamt ihren Ursachen.
- Wir erfreuen uns an sämtlichen Wurzeln des Heilsamen, an den ungetrübten wie auch an den durch Triebflüsse getrübten, die in Saṃsāra und Nirvāṇa und auf den drei Pfaden angesammelt werden.

- Wir ersuchen den edlen König der Yogins, der das Wesen der Buddhas und Bodhisattvas der zehn Richtungen verkörpert, das Rad des tiefsinnigen und weiten Dharma zu drehen.
- Wir bitten den einzigartigen Körper des Gewahrseins aller Buddhas – Djetsün Repa mit seinen Söhnen – nicht in den Bereich jenseits des Leidens zu gehen, sondern solange erreichbar zu bleiben, wie es von Lebewesen bewohnte Daseinsbereiche im Weltenraum gibt.
- Wir widmen alles aus dieser Handlung entstehende Heilsame und alle anderen Wurzeln des Heilsamen dem Erlangen der Verwirklichung des Großen Repa, dem unzerstörbaren Erwachen.

Diese Bedeutung der sieben Teile des Gebetes vergegenwärtigen wir uns beim Praktizieren. Sie beinhalten das Herz und die Essenz aller Praktiken des Ansammelns [von positiver Kraft und Gewahrsein] und des Reinigens [von Schleiern] auf dem Sutra- wie auch auf dem Tantra-Weg. Tatsächlich entsteht eine echte Verwirklichung des Pfades nur, wenn die Schleier gereinigt und die Ansammlungen vervollkommnet werden. Ist dies nicht der Fall, kann uns der Segen des Lamas und der Gottheit nur schwer erreichen. Deshalb ist dies eine unerlässliche vorbereitende Übung des Praxisweges.

Bei tieferer Betrachtung hat dieses außergewöhnliche Ansammeln und Reinigen folgende Bedeutung:

- Wenn wir erkennen, dass alle Phänomene [d.h. alle Erfahrungen] das magische Spiel des eigenen Geistes sind und dass auch der Lama nichts anderes als die Natur des eigenen Geistes ist, dann bedeutet Verbeugen, der Wirklichkeit zu begegnen und das ureigene Gesicht des natürlichen selbstgewahren Seins zu sehen.

- Wenn der Geist frei davon ist, etwas vermeiden oder kultivieren zu wollen, vollzieht sich bei allen Erfahrungen der sechs Sinne, die auftauchen und zu existieren scheinen, die eigentliche, letztendliche Opferung als das große Loslassen, frei von Anhaften oder Ablehnen. Dies gilt für das Wahrnehmen von Formen als den Objekten des Sehsinnes [wie für das Wahrnehmen von Klängen als den Objekten des Hörsinnes] usw. [bis hin zum Wahrnehmen von Geistesbewegungen als den Objekten des mentalen Sinnes].
- Letztendliches Bekennen ist das Zur-Ruhe-Kommen im nicht zu beschreibenden Sein aus sich heraus gewahrer Weite, frei vom Denken im dreifachen Kreis[10] und frei von ichbezogenem, fixierendem Festhalten an Vorstellungen von gut und schlecht, die nicht existieren und nie existiert haben.
- In dem von Natur aus leeren [nicht-fassbaren] und in seinem Wesen klaren Geist erfreuen wir uns an dem ununterbrochenen Fließen ungehinderten Mitgefühls, das wir als die ureigene Kreativität und die Erscheinungen des Gewahrseins erkennen.
- Wir rufen den Klang des Dharma an, den unzerstörbaren Urton[11], der sich nicht ausdrücken lässt und doch die Grundlage allen Ausdrucks ist, und dessen Natur das

---

10 Dreifacher Kreis (Skt: trimaṇḍala): die Illusion von vermeintlich getrennt existierendem Subjekt, Objekt und Handlung.

11 Mit *Urton* (Sanskrit: Nada) ist die Urschwingung des Seins gemeint, die kreative Urkraft, der schöpferische Impuls, der noch keine

zeitlose Gewahrsein ist, das sich in alle Weiten erstreckt und Saṃsāra und Nirvāṇa seit anfangsloser Zeit durchdringt.

- Wir ersuchen den Wahrheitskörper, für immer als der lebendig gegenwärtige Geist von allem Belebten und Unbelebten zu verweilen – als die Soheit der Phänomene, die nicht verbessert werden kann.
- In der Dimension frei von den Bezugspunkten des dreifachen Kreises [also frei von Widmendem, Gewidmetem und Widmung] widmen wir die Wurzeln des Heilsamen, die an sich nicht wirklich existieren, damit alle Lebewesen ihrem ureigenen Gesicht begegnen, den drei Buddhakörpern[12], die unser eigentliches Wesen sind.

Form angenommen hat und auch noch nicht zum Gedanken geworden ist.

12 *Drei Buddhakörper:* Nirmāṇakāya, Saṃbhogakāya, Dharmakāya.

2. Hauptpraxis

Der Hauptteil der Praxis beinhaltet:

- die Selbstvisualisation [»Selbstsegnung«]
- die Vor-uns-Visualisation

Die Selbstvisualisation

Selbstsegnung

> OM AH HUNG. *Die spontanen Erscheinungen, völlig rein, sind das Land Orgyen »Aktivität des Gewahrseinsraumes«. Auf einer Quelle der Dharmas, Lotus, Sonne und Leiche erscheinen wir in einem Augenblick als die Mutter der Buddhas, Vajravārāhī: in leuchtendem Zinnoberrot, mit Hakenmesser und blutgefüllter Schädelschale, geschmückt mit den fünf Symbolen. Links lehnt der Khatvanga und wir stehen, ein Bein gestreckt, das andere angewinkelt, inmitten von Feuermassen.*

Die drei Vajra-Silben [OṂ ĀḤ HŪṂ] sind die Keime von Körper, Rede und Geist aller Tathāgatas. Indem wir sie rezitieren, wird das Gefäß, die unbelebte Welt, in seiner völligen Reinheit zu Orgyen, dem Land der Aktivität des Gewahrseinsraumes, ausgebreitet wie die Welt von Dhutala. In der Mitte dieses reinen Landes nimmt der Inhalt, die völlig reine belebte Welt, die

Form einer flachen, dreieckigen Quelle der Phänomene[13] an, die als Basis dient. Darauf erhebt sich eine dreidimensionale Quelle der Phänomene, die als Haus dient, außen weiß und innen rot. Die Spitze des Hauses durchdringt die Basis und seine breite Öffnung zeigt nach oben. An den sechs Ecken dieser beiden drehen sich Freudenspiralen.

Im Inneren [dort, wo die Basis das Haus kreuzt] ist ein Lotus. In seiner Mitte liegt eine Leiche, ihr Kopf nach rechts, mit einer Sonnenscheibe auf dem Herzen. Hierauf entstehen wir selbst in einem Augenblick als Vajravārāhī, die Mutter aller Buddhas. Unser Körper ist orangerot wie Zinnober mit einem Hauch von Sindhura[14]. Wir sind zornvoll und lächelnd zugleich und haben drei Augen. Das gedämpft gelb-orangene Haar strömt nach oben und wird von fünf blanken Schädeln geschmückt. Auch schmücken uns eine Halskette aus fünfzig frischen Köpfen und eine Girlande roter Blumen. Die rechte Hand schwingt ein Hakenmesser mit Vajra-Griff in der Luft und die linke hält eine blutgefüllte Schädelschale am Herzen. In der linken Ellenbeuge lehnt ein Khaṭvāṅga, der mit einem Vajra versehen ist. Die fünf aus Menschenknochen gefertigten Symbole schmücken uns – das Rad auf dem Scheitel, die Ohrringe, Halsketten, Arm- und Fußreifen und der Gürtel. Wir stehen auf dem ausgestreckten linken Bein, das rechte angewinkelt mit der Ferse in Richtung Bhaga.

Unser Körper, umgeben von lodernden Feuermassen, ist natürlicherweise die Einheit von Verpflichtungswesen

---

13 *Quelle der Dharmas*, auf Sanskrit: Dharmadāya, auf Tibetisch: Tschödjung.

14 *Sindhura* ist ein orangefarbenes Mineralpulver, das aus roten Felsen gewonnen wird.

(Samayasattva) und Gewahrseinswesen (Jñānasattva), wobei der Körper untrennbar ist vom Geist, von der Natur der Gottheit und von der seit anfangsloser Zeit vollkommenen Wirklichkeit. [Die Meditation auf] den Körper wird vervollkommnet durch die drei Aspekte von klarem Erscheinen, Selbstbewusstsein als Gottheit und dem völlig reinen Gewahrsein der symbolischen Bedeutung. Im Nabel befindet sich eine rote dreidimensionale Quelle der Dharmas, in deren Mitte ein Lotus liegt, dessen vier Blütenblätter die Farben der Hauptrichtungen haben.

> *Im Nabel, im Zentrum des* E, *lodert das Rad, das allen Nutzen bewirkt.*
> *(Im Zentrum der Quelle der Dharmas im Nabel ist ein vierblättriger Lotus mit einem* HRIH *in seiner Mitte. Auf den vier Blütenblättern sind* HA, RI, NI *und* SA. *Das* HRIH *wird von der Mantra-Girlande umringt, deren Licht den zweifachen Nutzen bewirkt. Während wir uns dies vorstellen, rezitieren wir:)*
> OM BÄNZA BEROTSANIYE HARINISA HUNG HUNG PHÄ SOHA.
> *(Dabei praktizieren wir die Rezitation des Anhaltens in Verbindung mit dem Atem.)*

In seinem Zentrum ist ein rotes HRĪḤ und auf den vier Blütenblättern sind im Osten ein blaues HA, im Süden ein gelbes RI, im Westen ein rotes NI und im Norden ein grünes SA. Alle vier Silben schauen nach innen. Das HRIH wird umrandet vom Mantra OṂ VAJRA VAIROCANĪYE HA RI NI SA HŪṂ HŪṂ PHAṬ SVĀHĀ, dessen Silben ebenfalls nach innen schauen.

- Indem wir das Mantra rezitieren und die Aufmerksamkeit einsgerichtet darauf verweilen lassen, strömen von der Mantra-Girlande, die sich rasend schnell nach links dreht, Lichtstrahlen aus, die den drei Wurzeln, sowie den Buddhas und ihren Söhnen und Töchtern Opferungen darbringen. Die Lichtstrahlen sammeln ihren Segen und verschmelzen zurück; die Vergehen und Schleier aller Lebewesen werden gereinigt und alles, die äußere Welt wie auch ihre Bewohner, wird rein und zum Maṇḍala der Gottheit. Mit diesen Vorstellungen das Mantra leise zu rezitieren, das nennt man die »gewöhnliche sprachliche Rezitation«.
- Bei der »Rezitation des Anhaltens« rezitieren wir das Mantra nur mental. Dabei richten wir den Geist auf die Mantra-Girlande und halten die subtilen Energien (prāṇa) entweder mit der Vasenatmung oder der Zwischenatmung, je nachdem welche Methode uns angemessen erscheint.
- Bei der »Vajra-Rezitation« rezitieren wir beim Einatmen gedanklich OṂ VAJRA, dann beim Verweilen VAIROCANĪYE HA RI NI SA und beim Ausatmen HŪṂ HŪṂ PHAṬ SVĀHĀ.

Praktiziere nach eigenem Ermessen eine dieser drei Übungen. Es ist nicht nötig, hierbei die Schlüsselanweisungen zur Untrennbarkeit von subtilen Energien und Geist anzuwenden, wie sie sich in den außergewöhnlichen mündlichen Überlieferungen der »Zugleich Entstehenden« von Naropa finden. Die hier gegebenen allgemeinen Instruktionen reichen aus, um zu bewirken, worauf es hier ankommt.

Das Segnen der eigenen, bislang dualistisch geprägten drei Tore als Körper, Rede und Geist der Edlen Vajra-Meisterin schafft eine besonders günstige Grundlage und Beziehung[15] [für das Erwachen], denn wir werden dadurch zu einem geeigneten Gefäß, in das sich das Mitgefühl [der Erwachten] ergießen kann.

Die Vor-uns-Visualisation

Der wichtigste Punkt im Hauptteil der Praxis ist, die Ansammlungen zu erwerben und mit Hilfe der Visualisation vor uns den Segen herbeizurufen. Dieser Abschnitt der Praxis hat sieben Teile:

- das Segnen des Ortes und der Gegenstände
- die Praxisstütze hervorbringen und die Gewahrseinswesen verankern
- Verbeugungen, Opfergaben und Maṇḍalas darbringen
- Preisungen rezitieren
- die besonderen Ansammlungen vermehren
- den Geist des Erwachens mit Gebeten und Mantra-Rezitation anrufen
- um Erfüllung der Wünsche bitten

---

15 Eine günstige *Grundlage und Beziehung* (Tib: ein gutes *Tendrel*) für das eigene Erwachen entsteht durch die intensivierte Beziehung zu früheren Meistern der Linie wie Milarepa, die mit genau derselben Meditationsgottheit praktiziert haben.

Das Segnen des Ortes und der Gegenstände

Von unserem Herzen ausstrahlendes Gewahrseinslicht reinigt Für-wirklich-Halten und Benennen in der Weite klaren Lichtes. Die äußere Welt ist die Dimension der Wahrheit, das Höchste Gefilde »Dicht Geschmückt«, unser Haus ist der Palast der großen Befreiung, und wie in Samantabhadras Gebeten strahlen Opfergaben aus als Wolkenberge von äußeren, inneren, geheimen und Soheits-Opferungen, die den Himmel füllen und unerschöpfliche, reine Freude entstehen lassen.

OM AH HUNG BÄNZA SARWA PUDJA MEGHA
SAMUDRA SAPARANA SAMAYE HUNG SOHA.

Lichtstrahlen aus unserem Herzen reinigen alle fixen Vorstellungen von einer soliden materiellen Welt und verwandeln sie in das natürliche Leuchten Erhellender Klarheit, Leerheit [d. h. nicht-fassbares, dynamisches Sein] frei von Projektionen. Das gesamte äußere Universum wird zum Land »Dicht geschmücktes höchstes Gefilde« von unermesslicher Weite, Form und Ausschmückung. In seiner Mitte ist unser Haus als der Palast der großen Befreiung, weiträumig und von riesiger Ausdehnung, wahrhaft vollkommen mit all den charakteristischen Verzierungen.

Innen und außen ist alles vollständig gefüllt mit einem unüberschaubaren Ozean von Opferwolken, wie jene, die auf magische Weise durch Samantabhadras Wunschgebete und tiefe Meditation entstanden. Dazu gehören äußere Opferungen, wie die fünf erfreuenden Gaben, die Glückssymbole und die sieben Zeichen eines Weltenherrschers, dann die inneren Opferungen der fünf Sinnesfreuden und die geheimen Opferungen, wie die 16 Vajra-Bewusstseins-Gefährtinnen. Was immer es für einen Reichtum an wunderbaren Dingen in Saṃsāra und Nirvāṇa gibt, alles ist hier und nichts fehlt. Während wir uns das vorstellen, segnen wir mit dem Mantra, mit der Mudra der Himmelsschätze und mit dem Klang der Musik.

Die Praxisstütze hervorbringen und die Gewahrseinswesen verankern

Die Praxisstütze hervorbringen

Im von jeher reinen Buddhagefilde manifestieren sich die reinen fünf Energien als Löwenthron, die reinen fünf Kanäle als Lotussitz, die reinen fünf Elemente als Sonne und Mond. Darauf zeigt sich die Natur des Geistes, leer, als Körper der Meister: Vajradhāra mit dem Körper zeitlosen Gewahrseins, Tilopa mit den sechs klaren Wahrnehmungen, Naropa mit dem Netz illusorischer Manifestation, Hevajra aus Lhodrag (Marpa) und der »Weltbekannte Beschützer der Wesen« (Gampopa) als der die gesamte Juwelenkette der Kagyüpa in sich vereinigende Herr des Maṇḍalas in Person, der verehrte Meister Lachender Vajra (Milarepa).

Er ist lichtblau, ein weißes Baumwolltuch um den Oberkörper, das verwobene Haar lose über den

Rücken. Die rechte Hand hält er am Ohr und die linke ist mit einer Schädelschale in Meditationshaltung. Seine Beine sind halb gekreuzt und die Yoginī, Leerheit-Weisheit, umfängt seinen Körper als Meditationsgurt. Im lodernden Strahlenglanz des fünffachen zeitlosen Gewahrseins singt er unbesiegbar melodische Vajra-Gesänge und denkt voller Mitgefühl an seine vertrauensvollen Kinder. Er sitzt inmitten des Maṇḍalas von Kagyü-Lamas, Yidam-Gottheiten, Ḍākinis, Dharmaschützern und -hütern, die sich wie geballte Wolken dicht um ihn versammeln.

Das Gefäß und sein Inhalt [d. h. die Welt und alle Lebewesen] sind seit anfangsloser Zeit vollkommen rein, so vortrefflich wie die Umgebung in den reinen Ländern der Buddhas Amitābha, Akṣobhya und allen anderen. Den Himmel vor uns schmücken Regenbögen, Wolken und viele Opfergöttinnen. In der Mitte befindet sich ein Thron aus kostbaren Materialien, den acht Löwen stützen und der mit feinen Tüchern von himmlischer Qualität bedeckt ist – dies symbolisiert die völlige Reinheit der fünf wichtigsten subtilen Energien, wie Lebenserhaltender Wind und dergleichen.[16]

Auf dem Thron ist ein tausendblättriger Lotus, der die völlige Reinheit der Energiekanäle der fünf Chakren und ihrer Verzweigungen symbolisiert. In seiner Mitte ist ein Sitz aus Sonne und Mond – die völlige Reinheit des unzerstörbaren

---

16 Notiz im tibetischen Kommentar: Einige der Worte hier stammen direkt [aus einem Vajra-Lied] von Djetsün Milarepa.

Essenztropfens der fünf Chakren, die feinste Form der elementaren Energien von Prāṇa und Geist.

Darauf ist der eigene Geist, die Soheit aller Phänomene, bar jeglicher Komplexität, Erhellende Klarheit, erscheinend in Form des wunderbaren Lamas. Er ist der Große Repa, der edle vollendete Meister. Seine Person vereint die Essenz der drei Wurzeln sowie der Buddhas und Bodhisattvas in den zehn Richtungen und drei Zeiten, die hier durch die namentlich erwähnten Kagyü-Lamas vertreten sind.

Sein Körper erstrahlt im hellen Glanz des fünffachen Lichtes zeitlosen Gewahrseins und füllt den weiten Raum. Seine Rede lässt hell und deutlich die melodischen Gesänge des Vajra-Urtons erklingen. Mit dem Geist des großen zeitlosen Gewahrseins, liebevoll und wissend, achtet er einsgerichtet auf all jene, die mit Hingabe und Vertrauen beten.

Um ihn herum reihen sich oben die Kagyü-Lamas, in der Mitte die Buddhas, Bodhisattvas und Yidam-Gottheiten und unten die Dākās und Dākinis zusammen mit den vielen gelübdegebundenen Schützern. Ihre Anwesenheit füllt den weiten Himmelsraum wie riesige, sich übereinander türmende Wolkenberge.

Die Gewahrseinswesen verankern

> *Lichtstrahlen aus seinen drei Vajras laden [die Gewahrseinswesen] aus »Echter Freude« und anderen reinen Ländern ein, und sie werden nicht-zwei.*
> *(Rufe sie mit dem Klang von Damaru und Glocke herbei.)*

An den drei Stellen der Hauptfigur erstrahlt die Essenz der drei Vajras als weißes OṂ, rotes ĀḤ und blaues HŪṂ. Ihr strahlendes Licht breitet sich zusammen mit dem Licht aus dem Herzen von uns selbst als Vajrayoginī grenzenlos aus und lädt die Gewahrseinswesen (Jñānasattvas) ein. Mit dieser Vorstellung mache Musik mit Damaru, Glocke usw. und verbrenne wohlriechendes Räucherwerk.

(Lasse die Kraft von sehnender Hingabe und Vertrauen entstehen:)

HUNG. *Obwohl der Wahrheitskörper raumdurchdringend und jenseits von Kommen und Gehen ist, manifestieren sich, wo immer Hingabe vorhanden ist, Formkörper als Ausstrahlungen des Mitgefühls, um Schüler anzuleiten. Bitte kommt in dieses Land, wo es Vertrauen und Verdienste gibt! Aus »Echter Freude« und anderen reinen Ländern, mächtiger Lachender Vajra, Meister der Dākīnis, Ozean von Kagyü-Siddhas, Yidam-Gottheiten, Dākīnis und Dharmaschützer mit Gefolge, bitte kommt herbei!*

E A RALLI PHEM.

BÄNZA SAMADSA.

Edler Meister Repa, Buddhas und Bodhisattvas, denkt mit liebevollem Mitgefühl an all jene, die Eurer Anleitung bedürfen. Bleibt hier, um unsere Opferungen zu empfangen, und schickt zudem großen Vajra-Segen für Körper, Rede und Geist.

TISCHTHA BÄNZA HUNG.

SAMAYA SATOM HO.

Rufe sie mit der starken, sehnenden Kraft von Hingabe und Vertrauen herbei und rezitiere die einladenden Worte. Von fast unerträglichem Mitgefühl bewegt kommen sie in einem Augenblick aus dem Raum der Phänomene (*dharmadhātu*), dem Bereich völlig reiner, spontaner Manifestation herbei, aus »Echter Freude« im Osten, aus »Aktivität des Gewahrseinsraumes«, dem Versammlungsort der Edlen Vajra-Meisterin, und aus all den anderen reinen Ländern. Wir stellen uns vor, wie Milarepa umringt von den drei Wurzeln [Lama, Yidam, Schützer] zusammen mit Buddhas und Bodhisattvas, die sich ebenfalls um ihn versammelt haben, freudig im Raum vor uns verweilt.

Wenn wir sie mit dem Mantra E A RALLI PHEṂ herbeirufen, begeben wir uns in eine hockende Stellung, wobei die große Zehe des rechten Fußes auf die Zehen des linken Fußes presst. Daumen und Zeigefinger beider Hände sind ineinander gehakt und die restlichen Finger sind ausgestreckt – so kreisen wir mit der »lodernden Mudra« vor der Stirn, während wir den Blick nach oben richten. Bei VAJRA SAMAJAḤ machen wir die Vereinigungs-Mudra.

Verbeugungen, Opfergaben und Maṇḍalas darbringen

Verbeugungen

> *Meister der schmückenden Maṇḍalas von höchstem Vajra-Körper, -Rede und -Geist sowie von unerschöpflichen Qualitäten und Aktivitäten, Einheit aller Quellen der Zuflucht, vor Dir, Vajra-*

Siegesbanner, verneigen wir uns in tiefem Respekt mit unseren drei Toren.
NAMO NAMA HUNG.

Zuerst senden wir so viele *Körper* von uns selbst und allen Lebewesen aus, wie die Welt Atome hat. Mit aneinander gelegten Händen berühren wir dann unsere drei Stellen und verbeugen uns, wobei wir den Boden mit den fünf Punkten[17] berühren. Mit der *Rede* rezitieren wir melodische Preisungen in hunderttausend Strophen. Dabei stellen wir uns vor, wie wir mit von starker Hingabe und Vertrauen erfülltem *Geist* Verbeugungen machen, ohne anderswo einen Ort der Zuflucht zu suchen. Dann strahlen aus dem eigenen Herzen zahllose wunderschöne junge Opfergöttinnen aus, die wohlklingende Lieder singen und die zuvor gesegneten Opfergaben anbieten.

Äußere Opferung

Wir opfern all die endlosen, riesigen Ozeane von Welten mit Wolken äußerer Opferungen aus wunderschönen, göttlichen Dingen, angefüllt mit den zutiefst erfreuenden Gaben Samantabhadras. Mögen wir die beiden Ansammlungen vervollkommnen und Dharma-Könige werden.

17 Die *fünf Punkte*, die bei einer Verbeugung den Boden berühren, sind die Stirn, die beiden Hände und beide Knie.

Die äußeren Opferungen werden zu einer Vielzahl erfreuender Gegenstände: Schirme, Baldachine, mehrstöckige Häuser und dergleichen.

Innere Opferung

> *Die Aggregate, Elemente, Sinnesquellen und fünf Sinnesfreuden sind Vajra-Botinnen, von Natur aus rein. Sie füllen den Raum und opfern dem Maṇḍala des Lamas. Mögen die fünf Gifte sich selbst befreien und die fünf Körper erlangt werden.*

Bei der inneren Opferung stellen wir uns vor, wie die Vajra-Botin der Form in die Augen [von Milarepa und allen Gottheiten] verschmilzt und alle Aspekte des Vajra-Augenlichtes erfreut durch den Genuss eines nicht von Triebflüssen getrübten Glücks. Genauso stellen wir es uns für die anderen Sinne vor. Kurz, wir machen die Opferung der völligen Reinheit von Sinnesobjekten, Sinneswahrnehmung und Aggregaten (Skandhas).

Geheime Opferung

> *Du hast die unwandelbare Einheit von Methode und Weisheit, das zugleich Entstehende, auf dem Fest des großen Gewahrseins von Freude-Leerheit durch das Spiel des nondualen Samādhi gemeistert – befreie uns aus den Fesseln leidvoller Existenz!*

Als geheime Opferung vereinigen sich Vajra-Bewusstseins-Gefährtinnen mit kunstvollem Geschick mit seinem Vajra-Körper, schmiegen sich an ihn an, umarmen ihn und so fort und erfreuen durch die Vereinigung sein Herz mit der zugleich entstehenden, unwandelbaren großen Freude.

Letztendliche Opferung

Wo es keinen Anfang, noch Mitte oder Ende gibt, kein Saṃsāra und Nirvāṇa, da ist Mahāmudrā, die allen Dingen innewohnende Natur, jenseits von Vorstellung, völlig rein von den drei Kreisen, in seinem Wesen spontan – das ist die Große Opferung.
OM BÄNZA SARWA PUDJA MEGHA SAMUDRA SAPHARANA SAMAYE AH HUNG.

Schließlich bringe durch die Erkenntnis, dass die drei – Gebender, Gabe und Empfänger – nicht als solche existieren, in meditativer Ausgeglichenheit das Opfer der Soheit dar: das Erblicken des Angesichts des authentischen Lamas – das innewohnende, zugleich entstehende Mahāmudrā.

Das äußere Maṇḍala

OM AH HUNG. *Wir stellen uns sämtliche Reichtümer der Welten mit vier Kontinenten sowie der vielzähligen, verbundenen, geballten und ozeanisch ausgedehnten Weltsysteme vor und bringen sie als Opferung dar – bitte halte all ihre Bewohner, wie viele sie auch seien, in Deinem Mitgefühl!*

Eine Milliarde solcher Welten, die aus einem Zentralberg, vier Kontinenten, [acht] Subkontinenten, sowie Sonne und Mond bestehen, ergeben ein *Tausend-hoch-drei Weltensystem*[18]. Davon eine Milliarde sind eine *Vielzahl* von Tausend-hoch-drei. Davon wiederum eine Milliarde sind ein *Kontinuum* von Tausend-hoch-drei. Davon wiederum eine Milliarde nennt man eine *Ballung* von Tausend-hoch-drei und eine Milliarde dieser Ballungen sind ein *Weltensystem ozeanischer Ausdehnung.*[19] – Beim Opfern äußerer Maṇḍalas stellen wir uns vor, viele solche Weltensysteme ozeanischer Ausdehnung, angefüllt mit all den besten und kostbarsten Dingen, die es in Saṃsāra und Nirvāṇa gibt, voll und ganz darzubringen.

---

18 *Tong sum*, das tibetische Wort für »dreitausend«, bedeutet hier *Tausend-hoch-drei* (1000^3 bzw. 10^9). Er beschreibt die dreidimensionale Ausdehnung des Weltensystems, dessen 1 Milliarde Welten wie 1 Milliarde Kubikmeter in einem Würfel mit 1000m Kantenlänge angeordnet sind. Jeder Meter Kantenlänge entspricht einer Welt: 1000 in der ersten horizontalen Richtung, 1000 in der zweiten horizontalen Richtung (im 90-Grad-Winkel) und 1000 in der vertikalen Richtung. Die Multiplikation der Kantenlängen (1000 x 1000 x 1000) ergibt, dass der Würfel eine Milliarde (10^9) Welten enthält.

19 Die buddhistischen Meister erahnten die immensen Dimensionen des Weltraums mit unzähligen Galaxien und Universen, die wie hier beschrieben, 10^{45} Sonnensysteme enthalten könnten. Astronomen sagen Folgendes: Die Erde kreist mit anderen Planeten um die Sonne als leuchtendem Zentralstern. 100 Milliarden (10^{11}) solcher Sterne oder auch Sonnensysteme bilden die Galaxie der Milchstraße. 100 Millionen solcher Galaxien sind bisher in der Entfernung von etwa 1 Milliarde Lichtjahren entdeckt worden; meist bilden sie Galaxien-Häufungen. Insgesamt dürfte es eine Milliarde Galaxien oder mehr in unserem Universum geben (das entspräche etwa 10^{20} Sonnensystemen). Die Forschung hat aber die Grenzen unseres sich immer noch ausdehnenden Universums noch nicht erreicht und es ist möglich, dass weitere solche Universen existieren.

Das innere Maṇḍala

Indem wir Körper, Vergnügen und sämtlichen Besitz, die Aggregate, Elemente und Sinnesquellen sowie alle momentanen und zukünftigen Vorhaben darbringen – alles, was wir für mein und wirklich halten –, gewähre Deinen Segen, dass sich das Ichanhaften auflöst!

Das innere Maṇḍala-Opfer besteht einfach darin, sich bewusst zu sein, dass alles, was außen ausgebreitet ist, vollständig und von Natur aus im Vajra-Körper enthalten ist. – Oder aber, wir stellen uns deutlich vor, wie unser Kopf der »Vortreffliche Siegespalast« [des Gottes Indra] ist, wie die Augen Sonne und Mond darstellen, die Wirbelsäule den Zentralberg Meru, das Herz das alle Wünsche erfüllende Juwel usw. – eines nach dem anderen. Ebenfalls nehmen wir in der Vorstellung unseren eigenen Körper, unsere Vergnügen, die Sinneswahrnehmungen und anschließenden Bewusstseinsprozesse (Aggregate), also alles, mit dem wir uns identifizieren oder an dem wir hängen, zusammen mit allen Quellen des Heilsamen der drei Zeiten und bringen sie ohne zu zögern dar[20].

Das geheime und letztendliche Maṇḍala

Das höchste Maṇḍala der Wirklichkeit ist völlig frei von extremen Anschauungen wie wirklich oder nichtwirklich und jenseits von Begriffen wie

20 *Ohne zu zögern*, wörtlich: ohne »hinzuschauen«.

Entstehen, Bestehen und Vergehen, Kommen und Gehen, Ewig und Nichts. Indem wir es darbringen, mögen wir untrennbar von Dir, Edler Meister, werden.

OM GURU RATNA MANDALA PUDJA MEGHA SAMUDRA SAPHARANA SAMAYE AH HUNG.

Das geheime und letztendliche Maṇḍala ist Geist selbst, frei von Entstehen, Vergehen und Verweilen, das Maṇḍala der Leerheit des Raumes der Phänomene (*dharmadhātu*), welches selbstgewahre Erhellende Klarheit ist – Spontaneität als vollkommenes Vergnügen. Dieses zu verstehen – jenseits von Namen und Konzepten wie Handeln, Handelnder und Objekt der Handlung – ist Verwirklichung im natürlichen Sein.

Falls du das Bedürfnis nach etwas ausführlicheren Opferungen verspürst, so ist es durchaus angebracht, passende Opferverse aus anderen Quellen einzufügen. Setze zu Beginn der Maṇḍala-Opferung die 37 Häufchen wie üblich und opfere sie dann. Bringe ebenfalls viele Male jedes andere passende Maṇḍala in Versform dar.

Die Lobpreisung mit sieben Themen

GURU NAMO HUNG.

Die Preisung beginnt mit schmückenden Worten aus indischen Schriften, die zum tiefsinnigen Pfad gehören: Das einführende GURU NAMO bedeutet so viel wie »Ich verbeuge mich vor dem Lama« und mit HŪṂ rufen wir den Geist des Erwachens an, um Verwirklichung zu erlangen. Dabei stellen wir uns vor, wie die zuvor ausgesandten Göttinnen zusammen mit uns selbst und allen Lebewesen die Worte der Hymne in den hunderttausend Melodien Brahmas rezitieren und Milarepa mit großer Verehrung preisen, während wir uns an seine Qualitäten erinnern. Milarepas Preisung hat sieben Themen:

- sein außergewöhnliches Bodhicitta als Ursache
- seine außergewöhnliche Vorbereitung und Energie als Bedingung
- seine außergewöhnliche Methode und Weisheit als Gefährten
- seine außergewöhnliche Reise über Stufen und Pfade
- die außergewöhnlichen Früchte seiner Praxis
- die höchste Verwirklichung seines eigenen Wesens als die drei Buddhakörper
- die außergewöhnlichen Worte, mit denen er gepriesen wurde

Sein außergewöhnliches Bodhicitta als Ursache

> *Großes Mitgefühl, große Geisteshaltung, große Schau, große Intelligenz, große Rüstung, große Waffe – wir verbeugen uns und preisen Dich großen Helden.*

Die Mahāyāna-Familie war bereits von Anfang an in ihm geweckt und so leitete ihn die Gewissheit, dass all die Lebewesen, die den Raum füllen, früher einmal seine Eltern waren. Dadurch bewegte ihn zutiefst das große *Mitgefühl*, das nicht erträgt, wie sie alle unaufhörlich im Ozean des Saṃsāra umhergeworfen werden. Er besaß zudem die äußerst große

Geisteshaltung zu wünschen, sie eigenhändig auf die Stufe des großen Vajradhāra zu führen, in die vollkommene Einheit und in den letztendlichen Nutzen. Darin zeigt sich sein Mitgefühl in Bezug auf Lebewesen, sein Handeln aufgrund von Hingabe und sein vorzügliches Bodhicitta der Absicht [der strebende Geist des Erwachens].

Wissend, dass die Natur aller Phänomene seit jeher ungeboren ist und dualistische Erscheinungen wie Illusionen in einem Traum sind, kannte sein Bodhicitta weder Nähe noch Ferne. Dies war seine große *Schau*. Seine große *Intelligenz* zeigt sich darin, dass er mit tief wirksamen Methoden das andere Ufer eines Ozeans des Ansammelns und Reinigens erreicht hat, um die Lebewesen zu befreien, die noch nicht befreit sind und noch nicht dieselbe Verwirklichung haben. Darin zeigt sich sein Mitgefühl in Bezug auf die Natur der Dinge, seine vortrefflich reine Motivation und sein vortreffliches Bodhicitta der Anwendung [der angewandte Geist des Erwachens].

Von Anfang an entwickelte er die Geisteshaltung, die zum großen Erwachen führt, und trug die große *Rüstung*, nie kehrtzumachen und voller Kraft einen Ozean von Aktivitäten zur Vollendung zu bringen. Indem er die wahre Natur der Wirklichkeit sah, wie sie ist, kam die plötzliche Kraft des Mitgefühls, das völlig frei ist von sämtlichen Bezugspunkten wie Ich, Andere und Erwachen. Die Kraft dieses Mitgefühls war seine große *Waffe*, mit der er das Netz des Anhaftens an saṃsārische Existenz und nirvāṇischen Frieden durchtrennte. Dadurch erhielt er die Rüstung der Liebe mit dem Kettenhemd des Mitgefühls. Dies zeigt sein Mitgefühl frei von Bezugspunkten, seine vollständige Reife und das Vollenden des letztendlichen Bodhicitta.

Die hieraus entstehende Frucht ist, dass er aufgrund seiner Erkenntnis nicht im Extrem saṃsārischer Existenz bleibt und aufgrund seines Mitgefühls nicht im Extrem nirvāṇischen Friedens verweilt, sondern mit der Intelligenz eines großen *Helden* ausschließlich zum Wohle anderer handelt, solange es Saṃsāra gibt. Dies ist das von allen Schleiern befreite Bodhicitta. Vor ihm, der dies besitzt, verneigen wir uns.

Seine außerordentliche Vorbereitung und Energie als Bedingung

> *Großes Vertrauen, große Hingabe, großes Samaya, große yogische Disziplin, große freudige Ausdauer, große Kraft – wir verbeugen uns und preisen Dich erhabenes Wesen.*

Der kraftvolle Übersetzer Marpa war der vierte Meister in der goldenen Girlande der Kagyü-Linienhalter, welche die höchste Verwirklichung von Vajradhāra erlangten und weitertrugen. Indem Milarepa ihn als seinen einzigen, allein genügenden Lehrer nahm, loderten in ihm das inspirierte, das strebende und das überzeugte *Vertrauen* wie das große Feuer am Ende der Zeiten, ohne je nachzulassen.

Mit großer *Hingabe* befolgte er aufs Genaueste alle relativen und letztendlichen Anweisungen des Meisters, ohne auch nur die geringste auszulassen. Indem er die acht großen wie auch alle kleineren Prüfungen bestand, erfreute er durch sein nachahmenswertes Beispiel den Lama. So erhielt er wie eine Vase, die ganz gefüllt wird [ohne dass auch nur ein einziger Tropfen verloren geht], die Tantras mit den Schlüsselunterweisungen zusammen mit dem Segen seines Meisters und der Linie und wurde selbst ein Halter der Königs-Linie der Mündlichen Übertragung (Kagyü).

Er besaß den großen Schutz der inneren Vajra-Verpflichtung (*Samaya*) und gab diese selbst in lebensbedrohlichen Situationen nie auf. Zugleich praktizierte er all die Beschränkungen, die bei den primären Gelübden[21] einzuhalten sind, im [Rahmen des] Vajrayāna in ihrer höchsten Vollendung.

Er kehrte Saṃsāra den Rücken, schleuderte die acht weltlichen Anliegen[22] weit von sich, zerstampfte alle trügerischen Erscheinungen unter sich und blieb mit der großen *yogischen Disziplin* eines furchtlosen Löwen fortwährend in der Abgeschiedenheit der verschneiten Berge. In mutiger und ganzherziger Askese wies er alle Sorgen um seinen Körper und sein Leben von sich und hisste das Siegesbanner der Verwirklichung beider Phasen[23] der Meditation.

Durch seine große *freudige Ausdauer* – unermüdlich bei Tag und Nacht – gelangte er unbestritten innerhalb einer Lebensspanne ins königliche Land der Einheit des Vajradhāra[24] –

---

21 Die *primären Gelübde* werden als erstes genommen (a) die Gelübde auf dem Weg der individuellen Befreiung und (b) die Gelübde des Bodhisattva-Weges (Mahāyāna). Wer mehr darüber wissen möchte, kann im »Kostbaren Schmuck der Befreiung« von Gampopa (Kapitel 7-9) nachlesen

22 Die *acht weltlichen Dharmas* oder *Anliegen* sind das Verlangen nach Ruhm, Gewinn, Sieg und Lob – gepaart mit dem entsprechenden Vermeidenwollen von Schmach, Verlust, Niederlage und Kritik.

23 Die *beiden Phasen* tantrischer Meditation sind die Entstehungs- und die Vollendungsphase (die Visualisationen und ihre Auflösung).

24 *Das Land der Einheit* [von Mitgefühl und Weisheit] *des Vajradhāra* (Tib: Dordje Tschang) ist hier als Synonym für das Verwirk-

solch mächtige, große *Kraft* besaß er. Wir verbeugen uns vor dem *erhabenen Wesen*, dem Löwen unter den Menschen, der völlig gelöst und jenseits aller Konkurrenz in dieser Welt ist.

Seine außerordentliche Methode und Weisheit als Gefährten

> *Große Weisheit, große Methode, große Freude, große Klarheit, große Leerheit, große Weite – wir verbeugen uns und preisen Dich großen Mächtigen.*

Durch den Weg der drei Gelöstheiten[25] vollendete er die drei Stufen [des Yoga] der »Einsgerichtetheit«, wodurch das begriffliche Denken völlig zur Ruhe kam. Dann offenbarte sich ihm durch die Kraft seiner tiefen Hingabe das zeitlose Vajra-Gewahrsein und er trat ein in die Erkenntnis von Mahāmudrā, in die Soheit, [den Yoga] »Frei von Projektionen«. Dies ist authentisch hervorgebrachte intuitive Einsicht, die große *Weisheit*, die nicht von dieser Welt ist.

Dadurch reinigte er auf den Pfaden des Sehens und Meditierens alles, was aufzugeben ist, und das Herz der beiden Arten von Nicht-Selbst eröffnete sich ihm. Saṃsāra und Nirvāṇa lösten sich auf im [Yoga des] »Einen Geschmack«. Indem er Gewissheit in Training, Ausdauer, Verwirklichung und Meditation des tiefgründigen Pfades der Sechs Dharmas

---

lichen der Buddhaschaft zu verstehen.

25 Die *drei Gelöstheiten*, die alle solche Meditationen begleiten, sind: Der Körper ist gelöst von aller Aktivität, die Rede ist gelöst von aller Kommunikation und der Geist ist gelöst von allem Greifen nach Geistesbewegungen. So sind Körper, Rede und Geist frei von aller Beschäftigung.

von Naropa[26] gewann, verwirklichte er den Yoga der »Nichtmeditation«, die Vervollkommnung der Vollendungsphase des unübertrefflichen Anuttarayoga-Tantra im Allgemeinen.

Dadurch besaß er die großen *Methoden*, die subtilen Energien zugleich mit dem Geist im Zentralkanal [von dualistischen Mustern] zu reinigen. Mit diesen Methoden gelangte er jenseits der drei gewöhnlichen Erfahrungen[27] in die große makellose *Freude*, die aus dem Glück des Schmelzens entsteht, sowie in die große *Klarheit*, die Tag und Nacht Erhellende Klarheit verbreitet, und in die große *Leerheit* des Verschmelzens der drei subtilen Erfahrungen[28] in umgekehrter Reihenfolge.

Durch das Praktizieren dieser Yogas erlangte er den harmonischen Ausdruck der großen *Weite* seiner gewöhnlichen und außergewöhnlichen Qualitäten, wie die zehn Zeichen[29],

---

26 Die *Sechs Dharmas* oder *Sechs Yogas von Naropa* sind Innere Hitze, Illusorischer Körper, Traum, Erhellende Klarheit, Phowa (Bewusstseinsübertragung im Tod) und Bardo (Meisterung des Zwischenzustands).

27 Die *drei gewöhnlichen Meditationserfahrungen* sind Freude, Klarheit, Nicht-Denken, wie sie sich bei der Praxis von Geistesruhe zeigen.

28 Die *drei subtilen Erfahrungen* beim Praktizieren der Vollendungsphase im Rahmen der Sechs Dharmas von Naropa und in der Auflösungsphase im Sterbeprozess sind: Erscheinen, Ausweiten und Nahezu-Erlangen.

29 Vermutlich sind dies die *zehn Zeichen des Verwirklichens von Erhellender Klarheit* (Tib: 'od gsal rtags bcu). Dazu zählen Rauch, Trugbild, Wolken, Funken, Sonnenlicht, Mondlicht, Juwelenglitzern, Eklipse, Sternenlicht und Lichtstrahlen.

die acht Qualitäten[30] und vollständige Strahlkraft[31]. Wir verbeugen uns vor dem großen *Mächtigen*, der die vier Māras[32] besiegte, denen sonst kaum jemand widerstehen kann.

Seine außergewöhnliche Reise über Stufen und Pfade

> *Großes Fahrzeug, große Stufe, großer Pfad, großes Gewahrsein, große Qualitäten, großer Ruhm – wir verbeugen uns und preisen Dich großes Wesen.*

Die Methode, mit der er den tiefgründigen Pfad ging, war unter anderem die Praxis des segensreichen Cakrasaṃvara. Diese Praxis ist die innerste Essenz des Mutter-Tantra im Anuttarayoga des Vajra-*Fahrzeugs*, auch Geheimes Mantra genannt. Der tantrische Weg übertrifft das gewöhnliche Fahrzeug[33] in mancherlei Hinsicht als Mittel zur höchsten Verwirk-

---

30 Vermutlich sind dies *die acht Qualitäten der Aktivität des zeitlosen Gewahrseins* (Tib: mkha' spyod chen po yon tan brgyad).

31 *Vollständige Strahlkraft* ist die Kontrolle über sämtliche Erscheinungen aufgrund der alles beherrschenden Strahlkraft nondualen Gewahrseins. Mittels dieser Geisteskraft ist es offenbar möglich, Objekte entstehen zu lassen oder die Elemente ineinander zu verwandeln, wie Feuer in Wasser.

32 Die *vier Māras* (vier Gegenkräfte des Erwachens) sind: (1) der Māra emotionaler Verblendung (kleśamāra), (2) der Māra der Identifikation mit den Aggregaten (skandhamāra), (3) der Māra mangelnden Gewahrseins der wahren Natur von Leben und Tod (mṛtimāra) und (4) der Māra des Anhaftens an Sinnesfreuden und spirituellen Erfahrungen (devaputramāra).

33 Das *gewöhnliche Fahrzeug* ist hier der Sūtra-Weg im Mahāyāna, auch Pāramitāyāna genannt, im Unterschied zum Tantra-Weg im Mahāyāna.

lichung und trägt großen Segen. Mit dieser Praxis stoppte er der Reihe nach die 1800 karmischen Winde, die aus den vier Kanälen des Siegesbanners am unteren Ende des Zentralkanals stammen. Indem er die Knoten der Kanäle löste, gelangte er bis zur großen dreizehnten Vajra-*Stufe*.

Durch das nicht schwankende Stabilisieren von ›Samen‹ und ›Blut‹ reiste er schnell und einfach bis ans Ende der fünf großen inneren *Pfade* und verwirklichte die fünf Aspekte des großen zeitlosen *Gewahrseins* mit dem Körper völliger Einheit, wo es nichts mehr zu lernen gibt. Seine großen *Qualitäten* der völligen Reife [der Formkāyas] und der Freiheit von Bezugspunkten [des Dharmakāya] manifestieren sich entsprechend dem Grad der Reinigung der anzuleitenden Schüler. Er sang unzerstörbare Vajra-Gesänge, die im Moment des Hörens befreien können. Ihr großer *Klang* erfüllt die drei Welten[34]. Wir verbeugen uns vor dem großen *Wesen*, das unzählige Buddhagefilde durchdringt.

Die außergewöhnlichen Früchte seiner Praxis

> *Großes reines Land, großes Erscheinen, große Wunder, große Schüler, großer Segen, großer Nutzen – wir verbeugen uns und preisen Dich große Zuflucht.*

Ohne anderswo nach der Frucht zu suchen, fand er den Geist der Buddhas in sich selbst – Saṃsāra und Nirvāṇa als vom Wesen her identisch – und die Welt der Erscheinungen zeigte

---

34 Gemeint sind die *drei Welten* der Begierde, der Form und der Formlosigkeit.

sich ihm spontan als die Residenz unermesslicher Reinheit, als das große *reine Land* »Dichtes Gefilde des Raumes der Phänomene«. Die spontanen, völlig reinen Erscheinungen verwirklichte er als große *Erscheinung* versehen mit den fünf Gewissheiten [des Freudenkörpers][35], unverfälscht von den Kategorien dualistischer Vorstellungen.

Geschickt in den Methoden, jede Art von Schülern zu zähmen, war er Meister in großen *Wundern*, wie zum Beispiel einen Ozean von Buddhagefilden auf einer Haarspitze zu zeigen. Da der große *Segen* seines erwachten Körpers, seiner erwachten Rede und seines erwachten Geistes alles in Saṃsāra und Nirvāṇa durchdringt, wie auch alles Belebte und Unbelebte, ist es möglich, allein schon mit seinem Namen die Handlungen von Buddhas auszuführen.

Weil sein Lebensbeispiel und alle seine erwachten Aktivitäten die vier Merkmale des Befreiens[36] besitzen, bewirkt er ausschließlich den großen *Nutzen*, denen, die mit ihm verbunden sind, den Bodhisattva-Atem zu schenken und sie völlig zu befreien. Wir verbeugen uns vor ihm, der großen Quelle

---

35 Die *fünf Gewissheiten der Freudenkörper* (Tib: longs sku'i nges pa lnga) sind: (1) Der Ort, an dem sie lehren, ist gewiss: Es sind die reinen Bereiche der Erwachten. (2) Der Dharma, den sie lehren, ist gewiss: Es ist der Weg der Bodhisattvas. (3) Ihr Gefolge ist gewiss: Es sind die Erwachten ab der ersten Bodhisattva-Stufe. (4) Die Zeit, während der sie lehren, ist gewiss: so lange wie es Lebewesen in saṃsārischen Existenzen gibt. (5) Ihre körperliche Erscheinung ist gewiss: Sie erscheinen mit allen Merkmalen und Zeichen der Vollkommenheit eines Freudenkörpers.

36 Wenn Erwachte die *vier Merkmale des Befreiens besitzen* (grol ba bzhi ldan), dann gibt es die Möglichkeit der Befreiung, indem man sie sieht, sie hört, an sie denkt oder sie berührt.

der Zuflucht, der die Vollendung einer ununterbrochenen Reihe solcher Leben ist.

Die höchste Verwirklichung seines eigenen Wesens als die drei Kāyas

Großer Körper, großes Strahlen, großer Wohlklang, großes Licht, große Einsicht, große Macht – wir verbeugen uns und preisen Dich großen Ruhmreichen.

Seine völlig gereinigten Kanäle sind der Vajra-*Körper*, der große Ausstrahlungskörper (Nirmāṇakāya), im *Strahlen* all seiner Merkmale und Zeichen, der die vier Arten großer Wunder vollbringt, die Lebewesen anzuleiten[37]. Seine völlig gereinigten Energieströme sind die Vajra-Rede, der Freudenkörper (Saṃbhogakāya), mit seinen ununterbrochen strömenden, furchtlosen und *wohl*tönenenden *Klängen* und seinem großen *Licht*, durch das Ozeane von reinen Körpern und Welten erscheinen.

Die völlig gereinigten Energietropfen sind der Vajra-Geist, der Wahrheitskörper (Dharmakāya) – authentisches und unverschleiertes natürliches Sein. Aus der Kreativität dieser

---

37 Die *vier Arten Wunder* eines Ausstrahlungskörpers, *Lebewesen anzuleiten* (Tib: 'dul bzhi'i dzu 'phrul) sind: (1) das vollkommene Handeln mit einem Körper reich an Verdiensten (z.B. die zwölf Taten eines Buddhas), (2) die sechs übersinnlichen klaren Wahrnehmungen eines erwachten Geistes, (3) die unvorstellbaren Wunderkräfte von Körper, Rede und Geist und (4) die Unterweisungen erwachter Rede mit völligem Verständnis aller Daseinsbereiche und aller Dharmalehren.

großen *Einsicht* kommt die große kraftvolle *Macht* fortwährender, allumfassender Aktivität, die, solange Saṃsāra besteht, ununterbrochen Nutzen für alle Lebewesen bewirkt. Voller Achtung vor dem großen *Ruhmreichen*, der die Freude von ganz Saṃsāra und Nirvāṇa ist[38], verbeugen wir uns und bringen diesen Lobpreis dar, mit dem wir seine überragenden Qualitäten in Erinnerung rufen.

Die außergewöhnlichen Worte, mit denen er gepriesen wird

> *In der tiefen Finsternis des Nordens bist Du wie die über den Schneebergen aufgehende Sonne und heißt »Freudige Nachricht« – wir verbeugen uns und preisen Dich edles Wesen.*

Die Bedeutung dieser Worte ist leicht zu verstehen. Als Marpa das letzte Mal nach Indien reiste, war [sein Lehrer] Naropa bereits lange [aus dem unmittelbaren Kontakt mit Menschen] verschwunden und »in die Aktivität eingetreten«. Durch die Kraft seiner Gebete begegnete Marpa ihm von Angesicht zu Angesicht in der Einsiedelei Puśpahāri im Norden. Nachdem Naropa ihm die »Übertragung durch Hören« von Cakrasaṃvara und der Dākīni gegeben hatte, bat Marpa ihn inständig, ihm auch den Zyklus der Lehren über die »Körperlose Dākīni« zu gewähren. Da fragte ihn Naropa: »Niemand hat bisher von diesen Lehren erfahren. Wer hat Dir davon erzählt?« Marpa berichtete: »In Tibet habe ich einen Schüler

38 *Ganz Saṃsāra und Nirvāṇa*, wörtlich: der ganze Bereich von »Existenz« und »Frieden«.

namens Mila Töpaga (»Freudige Nachricht«), und dieser ist [im Traum] von einer Dākīni darauf hingewiesen worden.« Daraufhin legte Naropa die Hände aneinander, verbeugte sich in Richtung Tibet und sprach den obigen Lobpreis auf Mila Töpaga, wobei sich auch alle Berge und Bäume in Richtung Tibet verbeugten. Dies ist die berühmt gewordene Geschichte von diesen segensreichen Worten.

Das spezielle Vermehren der Ansammlungen

Das Siebenteilige Gebet, um die Ansammlungen zu vermehren

Im Palast des Höchsten Gefildes, dem Raum der Dharmas, ist die Essenz aller Buddhas der drei Zeiten, er, der uns den Geist als Wahrheitskörper offenbart – vor dem segensreichen, heiligen Lama verbeugen wir uns. Körper, Besitz und geistig erschaffene Opfergaben bringen wir allesamt dar und preisen Dich. Wir bekennen ausnahmslos jede einzelne bisher begangene schädliche Handlung und werden in Zukunft nicht mehr schädlich handeln. Wir erfreuen uns an allem Heilsamen sämtlicher Wesen und widmen es als Ursache höchsten Erwachens. Wir bitten Dich, zu bleiben und nicht ins »Jenseits von Leid« zu gehen und ersuchen Dich, das Dharma-Rad des unübertrefflichen, höchsten Fahrzeugs zu drehen.

Gewähre Deinen Segen, dass wir grenzenlose Liebe und Mitgefühl vervollkommnen und das zugleich entstehende, zeitlose Gewahrsein – den wahren Sinn, genauso unmittelbar erkennen, wie ihn all die Buddhas und Bodhisattvas erkannten. Gewähre Deinen Segen, dass wir den illusorischen Körper als Ausstrahlungskörper erkennen. Gewähre Deinen Segen, dass wir die Lebensenergie als Freudenkörper erkennen. Gewähre Deinen Segen, dass wir den eigenen Geist als Wahrheitskörper erkennen. Gewähre Deinen Segen, dass die drei Körper in ihrer Untrennbarkeit erscheinen.

Das Reinigen und Ansammeln mit dem Siebenteiligen Gebet wird von den gleichen gewöhnlichen, anfangs beschriebenen Vorstellungen begleitet. Diese bekannten, segensreichen Verse stammen vom Edlen Düsum Khyenpa, dem Ersten Karmapa, der sie spontan sang, als er seinem Meister, dem »Unvergleichlichen Dagpo« (Gampopa), zum ersten Mal begegnete. Wiederhole dieses Gebet viele Male. Es ist ebenfalls gut, an dieser Stelle andere passende Siebenteilige Gebete zu praktizieren, wie sie allgemein benutzt werden.

Den Geist des Erwachens mit Mantrarezitation und Gebeten anrufen

(Dann bewahre ungekünstelt die von selbst erscheinende, natürlich gelöste Sicht von Mahāmudrā, in der das Maṇḍala des Meisters, der eigene Geist und die natürliche, wirkliche Beschaffenheit von allem untrennbar sind:)

OM AH GURU HASA BÄNZA HUNG.

(Sage dies so oft wie möglich.)

Indem du dich an das Lebensbeispiel und an die Qualitäten des großen Djetsün Repa erinnerst, beginne damit – und zwar nicht nur mit Worten –, unsagbare achtungsvolle Hingabe aus der Tiefe des Herzens und aus dem Mark der Knochen hervorzubringen. Fahre damit fort, bis sich dir die Härchen auf der Haut aufrichten, dir Tränen in die Augen steigen und Körper, Rede und Geist wie außer Kontrolle geraten. Wenn die Hingabe dann fast unerträglich ist und völlig ungekünstelt entsteht, verweile in ihrer eigentlichen Natur, ohne etwas zu erzeugen – so sind der Lama, der eigene Geist und die natürliche Wirklichkeit ununterscheidbar vermischt.

Ausgeglichen darin verweilend, rezitieren wir dann das mit den drei Soheiten verbundene Namensmantra [von Milarepa] so oft, wie es angemessen erscheint.

(Rezitiere weitere Gebete mit segensreichen Worten aus der kostbaren Kagyü-Überlieferung:)

Alle Wesen meine Mütter, dem Raume gleich, beten zum Lama, dem kostbaren Buddha. Alle Wesen meine Mütter, dem Raume gleich, beten zum Lama, dem alles durchdringenden Wahrheitskörper. Alle Wesen meine Mütter, dem Raume gleich, beten zum Lama, dem Freudenkörper Großer Erfüllung. Alle Wesen meine Mütter, dem Raume gleich, beten zum Lama, dem Ausstrahlungskörper Großen Mitgefühls. (Entwickle die Kraft der Hingabe, indem du diese »Vier Manams« so oft wie möglich ansammelst.)

Bitte gewähre Deinen Segen, dass der Geist von mir und allen Wesen dem Dharma folgt.
Gewähre Deinen Segen, dass unser Dharma dem Weg folgt.
Gewähre Deinen Segen, dass der Weg unsere Täuschung auflöst.
Gewähre Deinen Segen, dass uns Täuschung als zeitloses Gewahrsein aufgeht.

Bitte gewähre Deinen Segen, dass unsere karmischen und emotionalen Schleier, die Gewahrseinsschleier und die Schleier gewohnter Tendenzen allesamt in diesem Moment gereinigt werden. Gewähre Deinen Segen, dass sie jetzt und hier gereinigt werden. Gewähre Deinen Segen, dass sie in dieser Sitzung gereinigt werden.
Bitte gewähre Deinen Segen, dass unser Geistesstrom gereinigt wird. Gewähre Deinen Segen, dass dieser Geistesstrom völlig befreit wird. Gewähre Deinen Segen, dass er in diesem Moment befreit wird. Gewähre Deinen Segen, dass er jetzt und hier befreit wird. Gewähre Deinen Segen, dass er in dieser Sitzung befreit wird!
Bitte gewähre Deinen Segen, dass allerhöchster, unverfälschter Samādhi in unserem Geistesstrom entsteht. Gewähre Deinen Segen, dass er in diesem Moment entsteht. Gewähre Deinen Segen, dass er jetzt und hier entsteht. Gewähre Deinen Segen, dass er in dieser Sitzung entsteht.

Bitte gewähre Deinen Segen, dass allerhöchstes, unverfälschtes Gewahrsein entsteht. Gewähre Deinen Segen, dass es in diesem Moment entsteht. Gewähre Deinen Segen, dass es jetzt und hier entsteht. Gewähre Deinen Segen, dass es in dieser Sitzung entsteht.

(Rezitiere dieses und das vorangehende Gebet zusammen, so oft du kannst.)

Wir stellen uns vor, wie alle Lebewesen, die so zahlreich sind, dass sie den ganzen Raum füllen, zugleich mit uns voller Hingabe beten. Darüber hinaus stellen wir uns vor, wie sogar jedes winzigste Teilchen Erde, Wasser, Feuer und Luft den Klang des Gebetes widerhallen lässt, während wir als hauptsächliche Praxis der Sitzung den Zyklus der »Vier Manams« rezitieren.

Um die Sitzung abzuschließen, fügen wir die Verse hinzu, die den Segen herbeirufen: »Bitte gewähre Deinen Segen, dass der Geist von mir und allen Wesen dem Dharma folgt« usw. Diese Zeilen vermitteln den Segen der Rede des Unvergleichlichen Meisters von Dagpo (Gampopa).

Der Lobpreis auf Milarepa vom Achten Karmapa

(Wenn du es ausführlicher möchtest, verwende hier beliebige andere dir bekannte kurze oder lange Gebete an den Edlen Meister Milarepa. Ihre Essenz sind die Worte des Achten Karmapa:)

Nun folgen Gebete, die sich [unmittelbar] an den Edlen Meister (Tib: Djetsün) Milarepa wenden. Es gibt viele kurze und ausführliche davon, so wie das Gebet vom allbewussten Garwang Tschökyi Wangtschug, das auf Milarepas Lebensgeschichte basiert. Im Praxistext benutzen wir jedoch das Gebet, das Karmapa Mikyö Dordje, der achte allbewusste Statthalter der Buddhas, verfasste. Es hat wenige Worte und zugleich einen tiefen Sinn. Dies sind Vajra-Worte und von daher würde eine ausführliche Erklärung endlos werden, denn dabei müsste man die vier Methoden [des Auslegens solch tiefgründiger Worte] anwenden. Obendrein wäre im größten Teil des Textes die versteckte und letztendliche Bedeutung zu erklären. Deshalb sei hier nur das Wichtigste angedeutet als knappe, leicht zu verstehende Erklärung.

Die Preisung hat vier Abschnitte. Die ersten drei preisen Milarepa für sein vorbildhaftes Leben in Hinblick auf die ausgezeichnete Ursache [für solch eine Verwirklichung], die ausgezeichneten Methoden [seiner Praxis] und ihr ausgezeichnetes Ergebnis. Der vierte Abschnitt beschließt die Preisung mit unserem Wunsch, selber solch ein beispielhaftes Leben zu verwirklichen.

Ausgezeichnete Ursache

Du hast in einer Familie des Nordens Geburt angenommen, unbefleckt von den Makeln der Welt, mit erstaunlicher Kraft in großen Schwierigkeiten, zu Dir, Erhabener Mila, beten wir.

Eigentlich verwirklichte er das völlige Erwachen [bereits] durch die [Praxis der] fünf Aspekte manifesten Erwachens[39] im illusorischen Maṇḍala von Guhyasamaja und bewirkte den Nutzen unendlich vieler Lebewesen durch das grenzenlose Spiel seiner Ausstrahlungen, wie zum Beispiel [in seinem Leben] als Lopön Djampäl Schenyen und als andere Meister, die im heiligen Land Indien praktizierten. Aufgrund seiner Wunschgebete und seines tiefen Bodhicitta vollzog er dann seine *Geburt in einer Familie des Nordens.* Mit Hilfe dieser [kostbaren Praxis-] Stütze, dem Körper versehen mit den vier Chakras, erfreute er Tag und Nacht durch die neun erfreuenden Handlungen[40] [seinen Lehrer] Marpa, den zutiefst verwirklichten König der Yogins, Halter der Linie der unfehlbaren Lehren des Vajrayāna.

Von ihm erhielt er den vollen Strom aus der Vase der Schlüsselunterweisungen [zur Meditationspraxis] und vielerlei Rat zu allen sonstigen Aspekten seines Lebens. Von ganzem

---

39 Das Hervorbringen der *fünf Aspekte manifesten Erwachens* (Tib: mngon byang lnga) beschreibt eine Form, wie im Anuttarayoga-Tantra die Meditationsgottheit (Yidam) in fünf Schritten visualisiert wird. In der neuen Tradition (Sarma) gehören dazu die folgenden Aspekte des Erwachens: (1) der Sitz des Yidam mit Sonne und Mond, (2) die Keimsilbe, (3) das Handattribut als Ausdruck des Yidam-Geistes, (4) der Körper des Yidam und (5) das Gewahrseinswesen. In der alten Tradition (Nyingma) sind es: Mond, Sonne, Handattribut, Keimsilbe und Körper des Yidam.

40 Die *neun erfreuenden Handlungen* (Tib: mnyes pa dgu) gegenüber Lehrern sind laut Gampopa im »Schmuck der Befreiung«: (1-3) dem Lehrer materielle Unterstützung, Verehrung und Dienste darbringen, (4-6) ihm mit Respekt, Hingabe und Vertrauen folgen und (7-9) seine Unterweisungen hören, kontemplieren und aufrichtig umsetzen. Meist werden sie als drei Punkte aufgeführt (Tib: mnyes pa gsum): materielle Unterstützung, Dienste anbieten und aufrichtig praktizieren.

Herzen gab er alle Beschäftigung [mit weltlichen Anliegen] auf und praktizierte ohne Rücksicht auf Körper und Leben asketische Disziplin bis zur Vollendung, *ohne* auch nur im Geringsten *von weltlichen Fehlern und Makeln behaftet* zu sein.

Um des Dharma willen meisterte er *große Schwierigkeiten*, und indem er ununterbrochen mit größter *Kraft* und Enthusiasmus einsgerichtet den tiefgründigen, schnellen Pfad [des Vajrayana und der Sechs Dharmas von Naropa] praktizierte, erlangte er die höchste Verwirklichung. Ihn, der die dualistischen Erfahrungen unterworfen hat, preisen wir.

Ausgezeichnete Methode

Im zweiten Abschnitt wird Milarepa für die beiden Aspekte seiner Praxis gepriesen: für das Vollenden des Pfades im Yoga des Mutter-Tantra und für das Vollenden des Pfades im Vater-Tantra.

Das Vollenden des Pfades im Mutter-Tantra

> *Berauscht vom Geschmack unbeschreiblicher Großer Freude bindest Du die drei Welten in reiner Mudrā. Durch den Weg des Verbrennens und Schmelzens bringst Du das zugleich Entstehende hervor, zu Dir, Erhabener Mila, beten wir.*

Die Unterweisungen [auf dem Weg] der befreienden Qualitäten (Pāramitāyāna) sprechen von »In die Freude Gegangenen« (Sugatas) und von »Echter Freude« und dergleichen. Im Tantra bezeichnen wir dasselbe als *Große Freude*. Auf der relativen

Ebene entspricht sie dem Vollenden von Liebe und Mitgefühl und letztendlich ist sie das Verwirklichen der unwandelbaren Großen Freude in Bezug auf Methode und Erscheinungen.[41]

Was [die höchste] Weisheit oder [das Verständnis der] Leerheit angeht, so ist Große Freude das Verwirklichen der »Leerheit mit der Vortrefflichkeit aller Aspekte«[42], die nicht durch Worte und Gedanken zu beschreiben ist. Milarepa erfährt Freude und Leerheit integriert als große Einheit und ist *berauscht vom Geschmack* des zeitlosen Gewahrseins der zugleich entstehenden, innewohnenden Freude.

Um es genauer zu sagen: Die Methoden, um außen *die drei Existenzen*[43] zu meistern und innen Körper, Rede und Geist zusammen mit deren Stützen – Energiekanäle, Energieströme

---

41 Mit *Methode* ist der kreative und auch kommunikative Aspekt des Geistes gemeint, also die dynamische Seite unseres Seins, wo wir mit allem anderen verbunden sind und sich das Mitgefühl in einer Vielzahl von *Erscheinungen* oder Geistesbewegungen ausdrückt. Der Methode-Aspekt ist also die natürliche, auf Mitgefühl beruhende Dynamik des erwachten Geistes, die spontan vielfältigen ›Methoden‹ Ausdruck verleiht, mit anderen in Kontakt zu treten und das Erwachen zu kommunizieren. Jedes Wort, jede Geistesbewegung, jede Erscheinung ist solch eine Methode.

42 *Leerheit mit der Vortrefflichkeit aller Aspekte* (Tib: rnam pa kun gyi mchog dang ldan pa'i stong pa nyid) beschreibt allerhöchste Verwirklichung des Mahāyāna, Darin wird die Grundnatur des Seins als leer (d. h. ohne Wesenskern) und zugleich gewahr erkannt. Im Gewahrsein der nicht-fassbaren, leeren Natur zeigt sich die Vortrefflichkeit aller Aspekte des Erlebens als aus sich heraus vollkommene Sinneserfahrungen und als die Aktivität der sechs befreienden Qualitäten.

43 Die *drei Existenzen* (Tib: srid pa gsum) sind hier vermutlich die Welten der Begierde, der Form und der Formlosigkeit. Eine ältere Wortbedeutung ist: die Welten unter, auf und über der Erde. Gemeint ist in beiden Fällen die Gesamtheit aller Daseinsbereiche.

und Energietropfen – *zu binden*, sind Karma-, Jñāna- und Mahā-*Mudrā*. Diese drei ermöglichen die völlige *Reinigung* der verwirrten Projektionen des Nachtod-Überganges. Von diesen praktizierte er das den anderen überlegene Mahāmudrā und dank dieser Praxis zeigte sich ihm die wahre Natur der drei Vajras[44] unverschleiert von allen Beschränkungen.

Er fachte die Samaya-Mudrā der Inneren Hitze an, die tief wirksame Methode, diese Wirklichkeit schnell in seinem Wesen hervorzubringen. Dadurch *verbrannte* er die Unreinheiten der [dualistischen Identifikation mit den] Skandhas[45] und die subtile Kraft [des Erkennens der wahren Natur der Skandhas] *schmolz* das Bodhicitta. Dieses stabilisierte er ohne Verlust, wodurch sich das zeitlose Gewahrsein der *zugleich entstehenden* Freude im natürlichen Sein von Körper und Geist ausbreitete. Dies alles preisen wir.

Kurz: Indem er den Verlust von Energietropfen, Energiestrom und Bewusstheit verhinderte, brachte die Caṇḍālī-Praxis des Aufloderns und Herabtropfens in seinem Geist Mahāmudrā hervor, das zugleich entstehende zeitlose Gewahrsein, und er war wie berauscht vom Geschmack unwandelbarer Freude-Leerheit.

44 Die *drei Vajras* sind Körper, Rede und Geist des Erwachens.

45 Die Identifikation mit den *Skandhas* als »Ich« und »mein« macht sie *unrein* (dualistisch). Sind diese fünf Aspekte unseres Erlebens – das Wahrnehmen der Sinnesformen, Empfinden, Unterscheiden, Gestalten und Bewusstseinszustände – von Identifikation befreit, werden sie erkannt als die mittelpunktslose Dynamik des freien Geistes.

> *Mit subtilem, Tigle- und tiefgründigem Yoga stützt Du dich auf grobe Erscheinungen und segnest das ›Ich‹ mit subtiler Erfahrung, Herr der Familien des geheimen Maṇḍalas, zu Dir, Erhabener Mila, beten wir.*

Sich *stützend* auf den *subtilen* Yoga und den *Tigle*-Yoga am oberen und unteren Ende [des Zentralkanals], sowie auf den *tiefgründigen* Yoga der Nichtzweiheit von Tiefe und Klarheit, reinigte Milarepa alle dualistischen, *groben* illusorischen *Erscheinungen* in das Maṇḍala der Reinheit.

Er reinigte die drei Erfahrungen – Erscheinen, Ausbreiten und Erlangen – sowie das vorletzte Erlangen in die [nonduale] Erhellende Klarheit [die das letztendliche Erlangen ist]. Dadurch erhob er sich aus dem ganz subtilen Energiestrom, der bloßer Geist ist, als der Körper der Vajra-Natur und nutzte das Erlebnis *subtiler Erfahrung*, um alle Phänomene des saṃsārischen Kreislaufs des Festhaltens an einem [vermeintlich dauerhaften] *Selbst* und an [vermeintlich dauerhaften] Merkmalen zu *segnen*.

Die Manifestationen all dieser [Phänomene] – die ungehinderten Wechselbeziehungen, welche die Kreativität der Leerheit [d. h. der nicht-fassbaren Natur] des völligen Friedens [Nirvāṇa] sind – erschienen ihm als unermesslich viele *geheime Maṇḍalas* mit den Merkmalen der zwölf Beispiele von Illusion.[46] Ihn, der das Hervorbringen und Auflösen aller [Phänomene] meisterte und so die Essenz des Sechsten [Buddha Vajradhāra] verwirklichte, den allumfassenden Herrn von allem, preisen wir.

Kurz: Durch die Erhellende Klarheit des großen zeitlosen Gewahrseins, dem vollendeten Yoga der Nichtzweiheit von Tiefe und Klarheit, segnete er alle Erscheinungen und Klänge als das Maṇḍala der Wirklichkeit – spielerische Illusion – und wurde so der *Herr aller [Buddha-] Familien.*

Ausgezeichnetes Ergebnis

> *Du hast den Samen in der nondualen Meisterin aufgehen lassen, die Welt gereinigt und sie aus Mitgefühl als Weg angenommen; voller Fähigkeiten zeigst Du Dich in zornvoller Gestalt – zu Dir, Erhabener Mila, beten wir.*

Er übertrifft alle darin, wie er sich von den beiden Schleiern [der emotionalen Verblendung und des mangelnden Gewahrseins] mitsamt den [daraus entstehenden] gewohnheitsmäßigen Mustern befreit hat, und weilt *in* fortwährender Vereinigung mit der Leerheit, Erhellender Klarheit oder Prajñapāramitā: *der nondualen Meisterin.*

---

46 Die *zwölf Beispiele von Illusion* (Tib: sgyu ma'i dpe bcu gnyis) werden in den Prajñapāramitā-Sutras als Analogien für die täuschend wirkliche Natur aller Erfahrungen erwähnt: Illusion, Fata Morgana, Stadt der geruchsessenden Halbgötter (Ghandarva), Regenbogen, Spiegelbilder, Mond im Wasser, Echo, Traum, optische Täuschung, visueller Trick (oder Wolke), Blitz, Luftblase auf dem Wasser.

Indem er genau das entspannte, was einen [in Saṃsāra] bindet, erschien in diesem Zustand wie ein *aufgehender Same* das Mitgefühl ohne Bezugspunkt – völlig frei von Absichten oder Vorlieben – und so manifestierte sich die Gesamtheit von Körpern, Gefilden und Aktivitäten eines Buddha. Indem er so die drei Schleier [der emotionalen Verblendung, des mangelnden Gewahrseins und der karmischen Muster] mit der Wurzel ausrottete, hatte er *die Welt gereinigt* und das Extrem des Anhaftens an Saṃsāra aufgegeben.

Nun, da er die natürliche Wirklichkeit frei von Bezugspunkten sah, nahm er es *aus* großem *Mitgefühl* auf sich, den *Weg* der Welt zu betreten, und gab damit das Extrem des Festhaltens am Glück und Frieden [des einseitigen Nirvāṇa] auf. Unter den vollkommen Erwachten ist er einer der besonders Geschickten darin, Schüler und Schülerinnen dadurch anzuleiten, dass er ihrer Reife entsprechend Wunder illusorischer Manifestation zeigt. Die Kraft und *Fähigkeiten* seines Mitgefühls sind ganz außerordentlich.

So wie jene, die sich aus der Dimension des Friedens *in zornvoller Gestalt erheben*, um mit erstaunlichen Wundern die schwer zu Zähmenden zu erziehen, genauso preisen wir ihn für sein außergewöhnliches Geschick, die schwierigen Schüler dieser degenerierten Welt zu zähmen.

Kurz: Er vollendete die Einheit von Leerheit und Mitgefühl und vollbringt nun die erwachte Aktivität eines Buddhas mit der ganz außergewöhnlichen Kraft des Mitgefühls, das nicht in den Extremen von Saṃsāra oder Nirvāṇa verweilt.

Der Wunsch, solch ein beispielhaftes Leben zu verwirklichen

> *Mögen auch wir, ohne uns vom Daseinskreislauf abzuwenden und uns in den Frieden des Nirvāṇa zu begeben, die höchste Verwirklichung Milas, des Herren der Dākīni-Bereiche, verwirklichen.*

Mögen wir selbst und alle Lebewesen ebenfalls mit großer Einsicht verstehen, dass *Saṃsāra* an sich nicht wirklich existiert. Mögen wir uns dank dieser Einsicht *nicht* [von der Welt] *abwenden* und uns aufgrund dieses großen Mitgefühls *nicht* alleine *in den einseitigen Frieden jenseits des Leidens begeben*, sondern solange bis Saṃsāra geleert ist durch unaufhörliche und allumfassende Buddha-Aktivität, völlig frei von den beiden Extremen[47], den Nutzen der Lebewesen bewirken. Mögen wir schnell *die höchste Verwirklichung verwirklichen*, das Maṇḍala des unerschöpflichen Schmuckes von Körper, Rede und Geist Djetsün *Milarepas, dem Herren* unter den Buddhas, der sich des mittelpunktslosen und grenzenlosen *Dākīni-Bereiches* des zeitlosen Gewahrseins erfreut.

Inständiges Beten

> MEISTER MILA, LACHENDER VAJRA, ZU DIR BETE ICH.

---

47 *Die beiden Extreme* sind hier das Anhaften an Nirvāṇa und an Saṃsāra.

(Rezitiere dieses eindringliche Gebet so oft wie möglich mit überwältigender Innigkeit.)

Nun folgt das inständige Beten – ein aufrüttelndes Anrufen Milarepas, bei dem wir seinen geheimen Namen aussprechen. Diese Art des Betens heißt in der alten und neuen Tradition[48] das »Rufen aus der Ferne«. Sein geheimer Name ist voller Segen, denn einstimmig priesen ihn damit Yidams und Ḍākinīs als er von Meister Marpa die Cakrasaṃvara-Ermächtigung erhielt. Entwickle überwältigende Innigkeit und singe viele Male dieses Gebet in einer beliebigen dir bekannten kurzen oder längeren Melodie.

Um Erfüllung der Wünsche bitten

(Schließlich): Meister, Du bist in einem Leben Buddha geworden. Alle, die Deinen Namen hören, sind aus den Abgründen Saṃsāras befreit. Edler König der Yogins, segensreicher Ausstrahlungskörper Lachender Vajra, Vater, Edler Meister Großer Repa, voll sehnender Hingabe bittet Dich Dein Kind, frei von Zweifeln und in tiefem Vertrauen: Halte mich jetzt und immer in Deinem Mitgefühl!

---

48 Die *alte Tradition* in Tibet (Nyingma) sind die Übertragungen, die im 7./8. Jhdt. nach Tibet kamen und vor allem in der Nyingma-Linie weitergetragen werden. Die *neue Tradition* (Sarma) sind die Übertragungen des Dharmas, die im 10./11./12. Jhdt. nach Tibet kamen und vor allem in den drei Linien der Kagyü, Sakya und Gelug weitergetragen werden.

Das Leben ist ohne Muße und vergänglich – möge Überdruss entstehen und mein Geist sich der edlen Lehre zuwenden. Möge all meine Dharmapraxis dem richtigen Weg folgen, ohne dass ich mich in niedere oder verkehrte Wege verirre. Nicht verwirrt in Tun und Lassen hinsichtlich der Folgen von Handlungen, mit völlig reinem Seinsstrom in Hinblick auf Gelübde und Verpflichtungen, möge ich die getrübten und ungetrübten[49] *Ansammlungen vervollkommnen, im äußeren Handeln frei von den acht Anliegen und den Fesseln emotionaler Verblendung sein und innerlich den geheimen Weg des Schmelzens und der Freude vollenden.*

Möge die Wirklichkeit, von selbst gewahres natürliches Sein, Mahāmudrā, schöpferischer Ausdruck der zugrundeliegenden drei Körper, der Schmuck der Natur aller Dinge, untrennbar von den drei Geheimen des Meisters Großer Repa als Selbstgewahrsein im Zentrum meines Herzens erwachen! Gewähre Deinen Segen, dass ich in diesem

---

49 *Getrübt* sind laut Buddha alle Handlungen, die durch die vier »Triebflüsse« (Skt: *āsrava*; Tib: *zag pa*) motiviert sind. Dazu zählen das Verlangen nach Sinneseindrücken, das Verlangen nicht gewahr zu sein, das Festhalten an Anschauungen und das Verlangen zu existieren. Gemeint ist das ›Ausfließen‹ des von diesen vier Strömen aufgewühlten Bewusstseins zu Objekten des Anhaftens. Das Bewusstsein verwickelt sich in dualistische Projektionen und verliert dabei die Klarheit und Kraft des zeitlosen Gewahrseins. Als Folge davon ist der Geist getrübt und es kommt zu getrübten, d.h. von Dualität geprägten, geistigen, sprachlichen und körperlichen Handlungen.

Augenblick wahre Buddhaschaft verwirkliche und auf eben diesem Sitz die höchste und sämtliche gewöhnlichen Verwirklichungen erlange, die mich befähigen, alle Wesen meine Mütter, dem Raume gleich, zu führen!

OM AH HUNG GURU RATNA SARWA SIDDHI HUNG.

Der Sinn hiervon ist leicht zu verstehen. Bete mit unabgelenktem Geist und sei dir dabei der Bedeutung einsgerichtet gewahr. Hier kann das Festopfer eingefügt werden.

Das Festopfer

Das Vorbereiten der Festopfer-Substanzen

(Wenn du möchtest, säubere und reinige nun die vorbereiteten Ganachakra-Substanzen:)

OM AH BIGHANÄN TATRITA HUNG PHÄ.

OM SOBHAWA SCHUDDHA SARWA DHARMA SOBHAWA SCHUDDHO HANG.

Von Makeln und Unreinheit geläutert ist in der Gewahrseins-Kapala der Nektarozean der Ganachakra-Substanzen, Verpflichtungs- und Gewahrseinsaspekt untrennbar. Die in zahllosen Formen erscheinenden Sinnesfreuden erfreuen das Maṇḍala des unübertrefflichen Lehrers.

OM AH HUNG HA HO HRIH. *(Dreimal)*

Haben wir die Samaya-Substanzen, vor allem Fleisch und Alkohol, zusammengestellt, visualisieren wir uns selbst als Vajrayoginī. Lichtstrahlen aus unserem Herzen reinigen die Makel des Festhaltens an einer wirklichen Existenz der Gaṇacakra-Substanzen. Aus dem leer-offenen Sein erscheint die riesig große Kapala des zeitlosen Gewahrseins mit den fünf Fleischsorten und fünf Nektaren, die schmelzen und sich vermischen – ein seit anfangsloser Zeit völlig reiner Nektarozean, in dem Samaya und zeitloses Gewahrsein nicht-zwei sind. Er leuchtet wie die aufgehende Sonne, duftet wunderbar und besitzt die hundert Geschmäcker und tausend Eigenschaften. Aus dem Dampf bilden sich Opferwolken der fünf Sinnesfreuden, füllen den weiten Raum und erfreuen die Lamas, Buddhas und das Maṇḍala der Gottheiten. Während wir die Substanzen mit der dreifachen Rezitation des Mantra und mit der Mudra segnen, denken wir, dass sie diese Eigenschaften von Natur aus besitzen.

Einladung und das Herabströmen des Segens

Aus dem von Natur aus reinen Ort, der Dimension der Wahrheit, dem Gefilde frei von Haften an Dinglichkeit – in Wirklichkeit die von Projektionen freie Strahlkraft des Wahrheitskörpers – laden wir die illusorische Gewahrseins-Ausstrahlung, den Meister Großer Repa zu uns ein. Vater-Kagyü-Lamas und Yidam-Gottheiten, Mutter-Dākinis der drei Bereiche und Ihr Dharmaschützer – an diesen Ort, der Festhalle reiner Verpflichtungen, laden Euch Eure Kinder voll sehnender Hingabe ein. Aus den Körpern von Lichtheit-Leerheit flutet Regenbogenlicht – LAM SE LAM, *die Gesänge der Vajra-Rede erklingen –* KYU RU RU, *der Geist öffnet sich in die tiefe Meditation von Freude-Leerheit –* YA LA LA, *höchste und gewöhnliche Verwirklichungen erscheinen –* SCHA RA RA, *der große Segen höchsten Gewahrseins sammelt sich –* TIB SE TIB, *bitte kommt zur hier versammelten Festopferrunde! Unsere Umgebung und das Haus sind das Höchste Gefilde »Aktivität des Gewahrseinsraumes«, unsere Brüder und Schwestern darin sind Dākās und Yoginīs, unser Elixier ist der makellose Große Nektar zeitlosen Gewahrseins, in Wirklichkeit der zugleich entstehende, nackte Wahrheitskörper – bitte gewährt Euren Segen, jetzt und hier auf diesem Sitz!*

Beim Herabströmen des Segens stellen wir uns den Raum gereinigt als Akaniṣta vor, dem »Höchsten Gefilde der Aktivität des Gewahrseinsraumes«. Wir selbst wie auch unsere Brüder und Schwestern sind Dākās und Yoginīs. Die Festopfer-Substanzen sind unerschöpflicher Gewahrseinsnektar. Alles hat die Natur des innewohnenden Dharmakāya, die Nicht-Zweiheit von Freude und Leerheit.

(Teile die Ganachakra-Substanzen in drei Teile und opfere den ersten vor dem Maṇḍala des Meisters:)
HO! *Diesen unerschöpflichen Nektarozean der Ganachakra-Opferungen, die Opferwolken des Spieles zeitlosen Gewahrseins, bringen wir der Verkörperung aller Zuflucht dar, dem Schützer der Wesen, dem*

Großen Repa, Herrn der Dākinis, dem Edlen Meister Lachender Vajra mit den Yidams, Dākās und Yoginīs, Dharmaschützern und Gehorsamen. Ozean der Kagyü-Siddhas, möge unser Band erfüllt sein – gewährt authentische Buddhaschaft in einem einzigen Leben! Gottheiten der vier Tantra-Klassen, möge unser Band erfüllt sein – gewährt die höchste und die gewöhnlichen Verwirklichungen. Helden und Dākīnis der drei Bereiche, möge unser Band erfüllt sein – vollbringt immer und überall die vier Aktivitäten. Dharmaschützer mit gehorsamem Gefolge, möge unser Band erfüllt sein – befreit die Feinde und Hindernisse, die der Lehre schaden. Indem die gebrochenen und verletzten Samayas wiederhergestellt sind, möge sich der ungeborene Wahrheitskörper manifestieren!

GANACHAKRA PUDJA KHAHI.

Wir stellen uns vor, wie die Lamas, Buddhas und Bodhisattvas herbei kommen und mit dem unvorstellbaren Vergnügen des zeitlosen Gewahrseins den weiten Raum mit Segen erfüllen. Sie alle nehmen Platz und werden untrennbar vom zuvor visualisierten Feld der Ansammlung. Wenn ihnen der erste Teil des Festopfers dargebracht wird und sie erfreut, denken wir, dass die Verpflichtungen erfüllt und gebrochene und beschädigte Samayas wieder erneuert sind. Dies ist das Opfern des äußeren Festopfers.

(Genieße den mittleren Teil, die Samaya-Substanzen:)

HO. *All den Gottheiten der drei Sitze (Maṇḍalas)*

unseres Körpers bringen wir das innere Feueropfer dar. Mögen wir dadurch schnell den Vajra-Weg gehen und Mahāmudrā verwirklichen.

Wir verstehen, dass die Aggregate (Skandhas) und die Sinnesfähigkeiten (Āyatanas) des eigenen Körpers die Gesamtheit der Gottheiten der drei Sitze[50] sind. Diese Gottheiten befriedigen wir durch den Genuss des mittleren Festopfers, dessen Natur Nektar ist, als ein inneres Feueropfer. Insbesondere stellen wir uns vor, wie durch das Kosten des Nektars das Tummo auflodert, wie sein Licht das Bodhicitta am Scheitel schmilzt und wie sich die Gottheiten des Körpers am Glück des Brennens und Herabtropfens erfreuen. Dies ist das innere und geheime Festopfer.

Während des Festopfers mache dich frei von einer gewöhnlichen Sichtweise von allem, d. h. von dir selbst, von anderen und von den Festopfer-Substanzen. Gib alle unangemessenen Einstellungen gegenüber den Festopfer-Substanzen auf, wie zum Beispiel übermäßiges Verlangen nach ihnen zu haben oder sie aufgrund von Ideen über rein und unrein nicht anzunehmen oder gar aus Mangel an Wertschätzung wegzuwerfen.

(Segne die Reste mit:)
OM AH HUNG.
(Widme sie dann mit:)

---

50 Die *drei Sitze* sind die reinen Aggregate, Elemente und Sinnesfelder, in denen die fünf Dhyani Buddhas, die Gottheiten und die Buddhas und Bodhisattvas verweilen.

Diese Festopferreste, einen Ozean von Gewahrseinsnektar, opfere ich Euch Schützern der Yogins und Hütern der Lehre, die an heiligen Plätzen leben, in Friedhöfen weilen oder durch die Welt wandern – vergesst nicht Eure festen Versprechen nicht und helft den Praktizierenden!

Nachdem du die Essensreste durch die drei Silben als Nektar gesegnet hast, opfere sie denen, die dafür die Erlaubnis erhalten haben.

3. Schlussteil

Die abschließenden Handlungen haben drei Teile:

- die vier Ermächtigungen empfangen
- Widmung und Wunschgebete
- das Aussprechen der Glücks- und Segensbitten

Die vier Ermächtigungen empfangen

> *Edler Meister Repa und all Ihr Gottheiten der drei Wurzeln, gewährt Euren Segen, damit unser Geistesstrom reift und frei wird! – Durch diese Bitte löst sich das Gefolge in Licht auf und verschmilzt in die Hauptgestalt, aus deren drei Stellen weißes, rotes und blaues Segenslicht strömt. Es verschmilzt in unsere drei Stellen und reinigt die Schleier der drei Tore. Wir erhalten die höchsten Ermächtigungen – die Vasen-, Geheime- und Weisheits-Gewahrseins-Ermächtigung –, wodurch wir karmisch Begünstigten die drei Körper verwirklichen können.*

Wiederum entwickeln wir die Kraft inniger Hingabe und tiefer Achtung und bitten um Ermächtigung und Segen. Durch das Anrufen des erwachten Geistes strömt Licht aus der Hauptgestalt. Hierdurch lösen sich die Gottheiten vor uns, die den gesamten Himmel füllen, in Licht auf und verschmelzen mit dem Meister. Sein Körper erstrahlt dadurch in noch hellerem Glanz als hunderttausend Sonnen. Auch die drei Keimsilben an seinen drei Stellen, welche die drei Vajras aller Buddhas in sich vereinen, leuchten in strahlendem Glanz.

Vom OṂ in seiner Stirn strömen weiße Lichtstrahlen aus, wie vom aufgehenden Mond, und fließen in die Stirn von uns selbst visualisiert als Vajrayoginī. Wir erhalten so die Ermächtigung der Vase, die Makel des Körpers sind gereinigt, und wir sind ermächtigt, die Meditationen der Entwicklungsphase zu praktizieren, was uns in die glückliche Lage versetzt, als Frucht den Ausstrahlungskörper (*Nirmāṇakāya*) zu verwirklichen.

Vom ĀḤ in seiner Kehle strömen rote Lichtstrahlen aus, wie das Licht der Morgenröte, und fließen in unsere Kehle. Wir erhalten so die Geheime Ermächtigung, die Makel der Rede sind gereinigt, und wir sind ermächtigt, die Meditationen auf die Energiekanäle und -winde zu praktizieren, was uns in die glückliche Lage versetzt, als Frucht den Freudenkörper (*Saṃbhogakāya*) zu verwirklichen.

Vom HŪṂ in seinem Herzen strömen blaue Lichtstrahlen aus, wie von schimmernder Indigo-Rinde, und fließen in unser Herz. Wir erhalten so die Weisheits-Gewahrseins-Ermächtigung, die Makel des Geistes sind gereinigt, und wir sind ermächtigt, den Yoga des Essenztropfens (*Bindu*) zu praktizieren, was uns in die glückliche Lage versetzt, als Frucht den Wahrheitskörper (*Dharmakāya*) zu verwirklichen.

> *Dann löst sich durch die Kraft unserer Hingabe der Edle Meister in Licht auf, tritt durch den Scheitel in uns ein und wir werden untrennbar. Die zugleich erscheinenden Schleier werden gereinigt, wir erhalten die Vierte Ermächtigung in den eigentlichen*

Sinn und der Same des Essenzkörpers ist in unseren Geist gesetzt.

Mit noch stärkerer Hingabe denken wir: »Bitte segne meinen Geistesstrom«. Hierdurch löst sich unser Lama in Licht auf, verschmilzt mit uns und wir erhalten die Vierte Ermächtigung. Die innewohnende Instabilität ist gereinigt, und wir sind ermächtigt, die Meditationen des unvorstellbaren Mahāmudrā zu praktizieren, was uns in die glückliche Lage versetzt, als Frucht den Essenzkörper (*Svabhāvikakāya*) zu verwirklichen.

Die drei Geheimen und unsere drei Tore vermischen sich untrennbar zu einem Geschmack, dem Letztendlichen, dem Wahrheitskörper, Freiheit von Konzepten, Große Freude, nicht vom Geist erschaffene, innewohnende Natürlichkeit – die Welt der Erscheinungen, Mahāmudrā – E MA HO!
(Ruhe so lange wie möglich ungekünstelt im gewöhnlichen, natürlichen Gewahrsein.)

Wir stellen uns vor, dass Körper, Rede und Geist des Edlen Meisters und die eigenen drei Tore untrennbar werden – so wie Wasser, das sich in Wasser ergießt. Verweile so lange du kannst im natürlichen, ureigenen Wesen des Geistes, ohne etwas künstlich zu erzeugen.

Außerhalb der Meditationsperioden mache die Welt der Erscheinungen zu deinem Weg, indem du sie als das Spiel des Lehrer-Wahrheitskörpers betrachtest. Zerstampfe die acht weltlichen Anliegen unter dir und durchtrenne das Anhaften an gewöhnliche Erscheinungen. Indem du dich mit reiner Sichtweise und Hingabe ununterbrochen auf Achtsamkeit stützt, jenseits von Meditieren und Zerstreutsein – stetig fließend wie ein Strom – gelange in einem Leben ins sichere Reich von Mahāmudrā, der wahren Natur.

Wenn wir wieder [aus der Auflösungsphase] hervorkommen, sind alle Erfahrungen das Spiel des Körpers unseres Lamas, des Großen Repa. Alle Geräusche sind seine Rede, der natürliche Klang des Vajra. Alle Gedanken sind sein Geist, dessen Wesen die innewohnende Erhellende Klarheit ist.

Bei jeder Handlung, die wir ausführen, denken wir, dass wir dem Meister dienen. Wenn wir uns fortbewegen, umwandeln wir ihn. Essen und Trinken sind ein Festopfer an ihn, und Sprechen ist so als würden wir zu ihm beten. Kurz, wir üben uns darin, durch unabgelenkte Achtsamkeit sämtliche Handlungen zu einer sinnerfüllten Praxis zu machen.

Widmung und Wunschgebete

> *Diese heilsame Handlung und alles in den drei Zeiten angesammelte Heilsame widme ich in gleicher Weise wie die Buddhas und Bodhisattvas dem nirgends verweilenden Großen Erwachen – möge ich in diesem Leben die Verwirklichung der Einheit erlangen! Indem ich mit Fleiß die Praxis vollende und die Samen der Verwirrung beseitige, möge ich dem Edlen Meister Großer Repa in Lebensbeispiel und Aktivität gleich werden!*

Wir stellen uns vor, dass sämtliche Wurzeln des Heilsamen, von jeglicher Art, die wir selbst und andere in der Vergangenheit angesammelt haben, gegenwärtig ansammeln und in Zukunft ansammeln werden, allesamt in dieser von uns ausgeführten Handlung als Stellvertreterin vereinigt sind. Mit dieser Vorstellung widmen wir sie genauso vollständig dem großen Erwachen, das in keinem der beiden Extreme[51] verweilt, wie sie die Buddhas und Bodhisattvas der Vergangenheit vollkommen gewidmet haben.

Wir wünschen uns, durch die Kraft dieser Widmung noch in diesem Leben die Verwirklichung von Vajradhāra zu erlangen, die vollkommene Einheit, wo es nicht mehr zu lernen gibt. Mögen wir dadurch eine erwachte Aktivität und ein Lebensbeispiel so wie der Edle Meister Großer Repa verwirklichen.

---

51 *Die beiden Extreme* sind hier das Anhaften an Nirvāṇa und an Saṃsāra.

Damit die Kraft dieser von uns ausgeführten Handlungen weiter anwächst und im Bardo-Zwischenzustand nicht aufgezehrt wird, muss sie völlig rein vom dreifachen Kreis[52] gewidmet werden. Ohne die entsprechende Erkenntnis der Natur des Seins (*Dharmatā*) ist dies jedoch nicht der Fall. Deshalb schließen wir uns beim Widmen den Buddhas und Bodhisattvas an und so wird unsere Widmung – in dieser angepassten Form – völlig rein.

Das Aussprechen der Glücks- und Segensbitten

> *Große Segenswolken der Kagyü-Lamas ballen sich, die Yidam-Gottheiten lassen einen Regen von Verwirklichungen herabströmen, die Aktivität der Dākīnis und Dharmaschützer bringt reife Frucht hervor – möge sich das Glück des spontanen Verwirklichens beider Nutzen manifestieren!*

Wie der Klang von rollendem Donner singen vor uns im Himmel die Lamas, Buddhas und Bodhisattvas wohlklingende Glücksgebete und streuen einen Regen von Blumen herab, der überall und zu allen Zeiten sämtliches Unglück und alle Zwietracht befriedet. Harmonische Bedingungen, Glück und Tugend entfalten sich zu voller Blüte. Während wir uns vorstellen, dass dies durch ihren Segen für immer anhält, ohne je abzunehmen, rezitieren wir mit melodischer Stimme die

---

52 Der *dreifache Kreis* (Skt: trimaṇḍala) ist die Fixierung auf Subjekt, Objekt und Handlung als getrennt voneinander.

Verse des Glücksgebetes, werfen Reiskörner und machen ausführlich Musik.

Nachwort

Die Meditation auf den Lehrer als wichtigste Figur aller Maṇḍalas wird von den Siegreichen in allen Unterweisungen des Tantra immer wieder gepriesen. Meister Mila, König unter denen, die den Lama verwirklicht haben, sagte, dass das bloße Hören seines Namens für sieben Leben das Tor zu einer Wiedergeburt in niederen Bereichen verschließt. Er weilt jetzt im Königreich Große Einheit, von wo aus sein Segen ausnahmslos alles Belebte und Unbelebte, Saṃsāra und Nirvāṇa erreicht. Es ist gewiss, dass er in seinem Mitgefühl jeden sieht, der zu ihm betet. Wunderbarer Segen strömt zu allen herab, die Vertrauen in ihn haben. Aus diesem Grund und nachdem ich lange Zeit von Nangtse Ritrö, dem großen, ernsthaften Praktizierenden und kraftvollen Yogi, persönlich gebeten worden war, verfasste ich, Karma Ngawang Yönten Gyamtso (Lodrö Thaye), ein Kagyüpa aus der Linie Djetsün Repas, diesen Text und schrieb ihn im abgelegenen Devikoti-Hain von Palpung, am Praxisort Tsadra Rinchen Drag nieder.

Mögen ausnahmslos alle Wesen, die eine Verbindung mit dieser Praxis bekommen, liebevoll vom großen Djetsün Repa angenommen werden!

Der weithin bekannte universelle König aller Verwirklichten, ohne einen Ebenbürtigen im Land des Schnees, sagte, dass jemand, der bloß [vertrauensvoll] seinen Namen hört, für sieben Leben nicht in den niederen Daseinsbereichen geboren wird und dass er bei seiner Geburt bewusst ist und allmählich auf dem Weg zum Erwachen fortschreitet.

Obwohl es für Buddhas weder nah- noch fernstehende Lebewesen gibt, werden diejenigen, die von Hingabe und Achtung erfüllt sind, [besonders] schnell von ihrem Mitgefühl erreicht. Deshalb ist es für euch vom Glück Begünstigte besonders wichtig, eine Verbindung mit diesem tiefsinnigen Pfad einzugehen. Er ist bedeutungsvoll für alle, die ihm begegnen.

Auch wenn dieses Werk nur wenige Worte hat
und vielleicht nur von geringem
  Nutzen für andere ist,
mögen ich und alle anderen Lebewesen dadurch
zur Verwirklichung des Edlen Meisters gelangen!

Dieses kleine Werk ist vermutlich nur von begrenztem Nutzen. Ich habe es für die eigene Lektüre geschrieben, ohne vorzugeben, damit das Bedürfnis nach einem Kommentar in der Art der meisterlichen großen Werke der Gelehrten und Verwirklichten erfüllen zu wollen.

Der authentische Lama Kunga Tschökyi Wangpo, ein wahrhaft großer Mensch, bat mich schon längere Zeit inständig um solch einen Text und vor kurzem regten dies auch ernsthafte Praktizierende wie Djamyang Gyaltsen an. Deshalb schrieb ich, Ngawang Yönten Gyamtso, auch Lodrö Thaye genannt, diese Erläuterungen an dem Praxisort Tsadra Rinchen Drag, dem abgelegenen wunderbaren Devikoti-Hain.

Mögen Heilsames und Gutes zunehmen!

Aus dem Tibetischen übersetzt von Lama Tilmann (Lhündrup) Borghardt, Hofsgrund, im Januar 2016.

Einen herzlichen Dank an Marianne Krobath für die Durchsicht des gesamten Textes und ihre wertvollen Anregungen.

Dieser Guru-Yoga stammt aus einer Praxis-Linie, in der es möglich ist, Verwirklichung allein aufgrund von Hingabe und Segen zu erfahren. Damit die Übertragung ihre ganze Kraft behält und sich der Segen in vollem Umfang entfaltet, wird die Praxis unmittelbar von Lehrer zu Schüler übertragen. Dazu gehören Ermächtigung (Wang), Textübertragung (Lung) und Erläuterungen (Tri), die zusammen ein echtes Verständnis der Praxis ermöglichen. Insbesondere wird dieser Kommentar vermutlich erst durch die Schlüsselunterweisungen eines qualifizierten Lehrers seine große, konkrete Relevanz für die persönliche Praxis zeigen.